# 憲法ドリル

現代語訳 日本国憲法

高文研

この本は、子どもから大人まで広く日本国憲法を知ってほしいと思い作りました。いまから70年以上前に書かれた憲法は、原文を読むと古くむずかしく感じるかもしれません。そこで、読みやすい現代語に訳《やく》し、要点をおさらいできるようドリルをつけました。

憲法はわたしたち国民が、安心して、自信をもって、自由に生きていけるように守ってくれる最強のルールです。権力を持つ偉い人たちから、国民の自由や権利がうばわれることがないよう保障してくれているのです。

もし、つらく苦しいときがあったら憲法を読んでみてください。そこには「自由に生きていいんだよ」「あなたは間違っていないよ」と書かれていることに気づくでしょう。また、幸せを感じているときに憲法を読んでみてください。平和に暮らせているのは、憲法に守られて生きているからと気づくかもしれません。

ではその幸せな気持ちを、まわりの人にも感じてもらうにはどうしたらよいでしょうか。そのためには自分だけのこと、日本だけのことではなく、分けへだてなく平等に接することが大切になってくるはずです。

――あなたは、誰に対しても平等ですか?

――日本の国は、どの国に対しても平等に接することができていますか?

お互いを尊重《そんちょう》し、平和を愛し、民主主義を実行するという憲法の心を知りましょう。

憲法の現代語訳です。原文を忠実に訳すよう心がけました。

憲法の原文です。全ての漢字にルビをふっています。

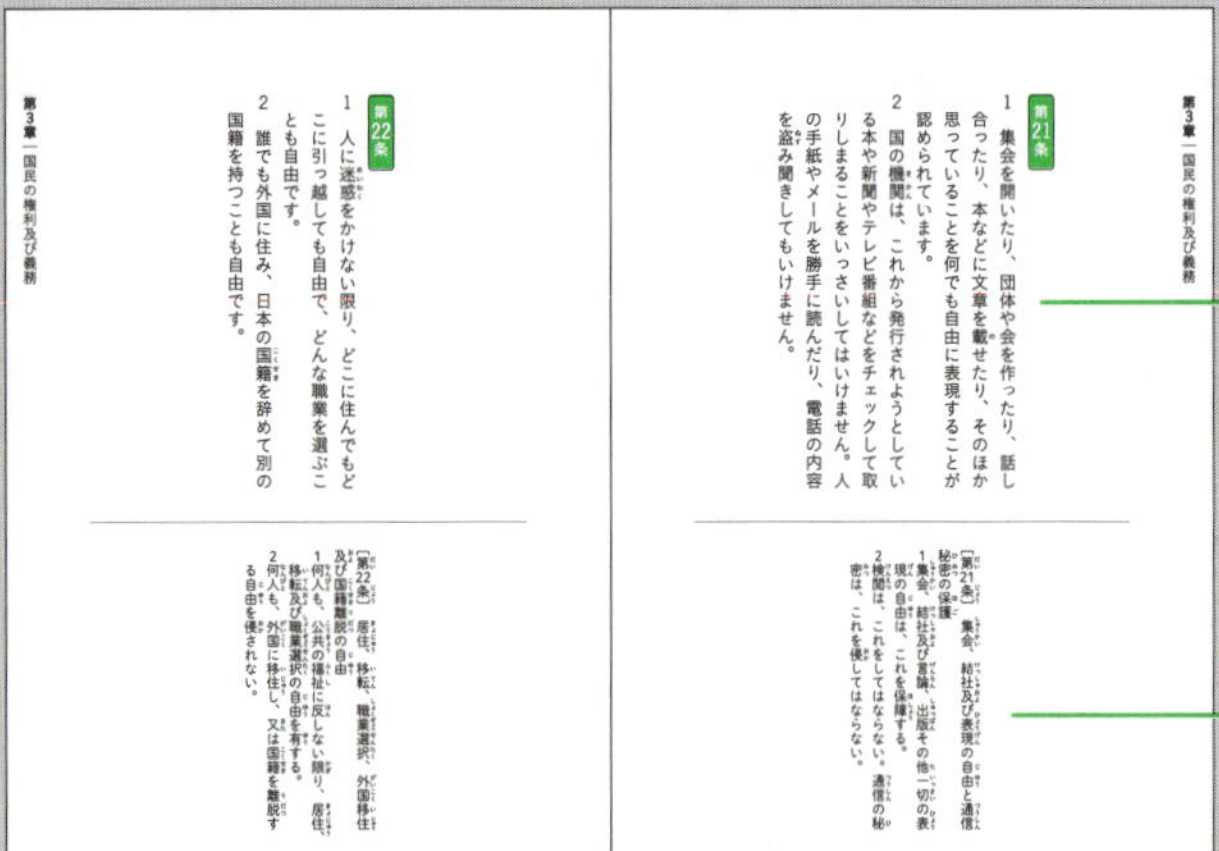

第3章｜国民の権利及び義務

第21条
1　集会を開いたり、団体や会を作ったり、話し合ったり、本などに文章を載《の》せたり、そのほか思っていることを何でも自由に表現することが認められています。
2　国の機関《きかん》は、これから発行されようとしている本や新聞やテレビ番組などをチェックして取りしまることをいっさいしてはいけません。人の手紙やメールを勝手に読んだり、電話の内容を盗《ぬす》み聞きしてもいけません。

〔第21条〕　集会、結社及び表現の自由と通信秘密の保護
1集会、結社及び言論、出版その他一切の表現の自由は、これを保障する。
2検閲は、これをしてはならない。通信の秘密は、これを侵してはならない。

第22条
1　人に迷惑《めいわく》をかけない限り、どこに住んでもどこに引っ越しても自由で、どんな職業を選ぶことも自由です。
2　誰でも外国に住み、日本の国籍《こくせき》を辞めて別の国籍を持つことも自由です。

〔第22条〕　居住、移転、職業選択、外国移住及び国籍離脱の自由
1何人も、公共の福祉に反しない限り、居住、移転及び職業選択の自由を有する。
2何人も、外国に移住し、又は国籍を離脱する自由を侵されない。

第3章｜国民の権利及び義務

## 憲法ドリル



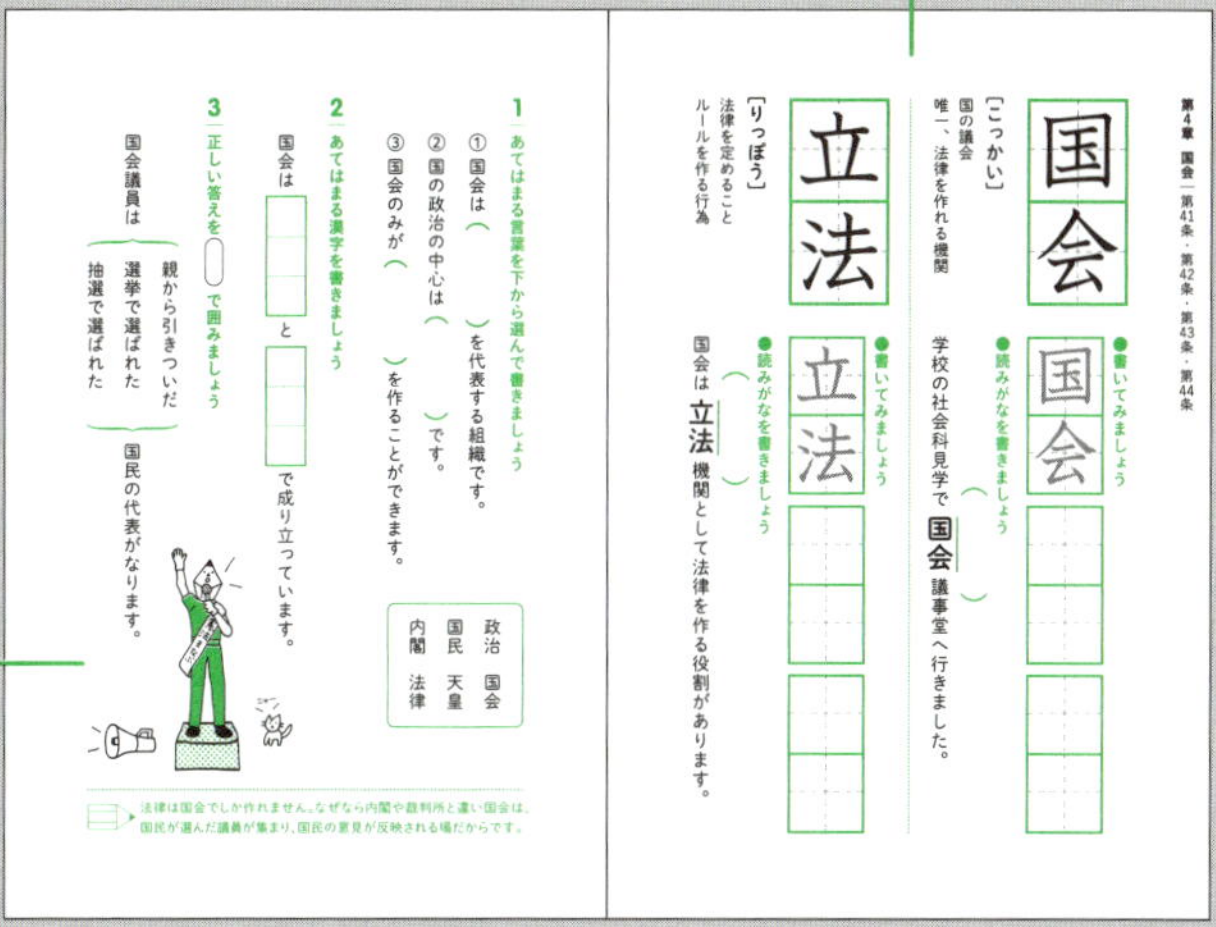
第4章　国会｜第41条・第42条・第43条・第44条

国会

［こっかい］
国の議会
唯一、法律を作れる機関

●書いてみましょう
●読みがなを書きましょう
学校の社会科見学で国会（　）議事堂へ行きました。

立法

［りっぽう］
法律を定めること
ルールを作る行為

●書いてみましょう
●読みがなを書きましょう
国会は立法（　）機関として法律を作る役割があります。

1 あてはまる言葉を下から選んで書きましょう
①国会は（　）を代表する組織です。
②国の政治の中心は（　）です。
③国会のみが（　）を作ることができます。

政治　国会
国民　天皇
内閣　法律

2 あてはまる漢字を書きましょう
国会は□と□で成り立っています。

3 正しい答えを○で囲みましょう
国会議員は｛親から引きついだ／選挙で選ばれた／抽選で選ばれた｝国民の代表がなります。

法律は国会でしか作れません。なぜなら内閣や裁判所と違い国会は、国民が選んだ議員が集まり、国民の意見が反映される場だからです。

条文を象徴する漢字です。意味の確認、書き取りと読み取りをします。

憲法のポイントをドリルで学習します。ミニ解説も紹介しています。

## 憲法コラム



※憲法が公布された日(内容をお知らせした日)は、1946年(昭和21年)11月3日。憲法が施行《しこう》された日(実行をはじめた日)は、1947年(昭和22年)5月3日。いまでは毎年、5月3日は憲法記念日、11月3日は文化の日として国民の祝日になっています。

※第11章補則は、公布から施行までの6ヶ月間に大日本帝国憲法から日本国憲法に入れ代わるときの注意事項が書かれています。

※日本国憲法の原文は、国会図書館で公開されている資料を使っています。原文の条文の見出しや項番号は、国会図書館がつけたものです。原文の条文には一番目の項に番号がついていませんが、この本ではわかりやすくするために1の番号をつけました。

http://www.ndl.go.jp/constitution/etc/j01.html

# 日本国憲法

上段には憲法の現代語訳、下段には原文を掲載しています。原文を忠実に訳すように心がけました。ぜひ照らし合わせて、読んでみてください。

## 日本国憲法

わたしたち日本の国民は、わたしたち自身や未来に生まれてくる子どもたちのために、決意したことがあります。

それは、ほかの国の人たちと友好な関係を築くこと、自由に暮らせる幸せを国のすみずみまで行き渡らせること、悲惨《ひさん》な戦争を二度と政府に引き起こさせないということです。

だから、この国を治める権利はわたしたち国民にある（国民主権）ということをはっきりさせるために、わたしたちが選挙で選んだ代表者（議員たち）を通して、この憲法を作りました。

もともと国の政治は、わたしたち国民が代表者に思いをたくして行われるもので、最後に物事を決める力は国民自身が持っています。

---

日本国憲法《にほんこくけんぽう》

日本国民《にほんこくみん》は、正当《せいとう》に選挙《せんきょ》された国会《こっかい》における代表者《だいひょうしゃ》を通《つう》じて行動《こうどう》し、われらとわれらの子孫《しそん》のために、諸国民《しょこくみん》との協和《きょうわ》による成果《せいか》と、わが国全土《くにぜんど》にわたつて自由《じゆう》のもたらす恵沢《けいたく》を確保《かくほ》し、政府《せいふ》の行為《こうい》によつて再《ふたた》び戦争《せんそう》の惨禍《さんか》が起《おこ》ることのないやうにすることを決意《けつい》し、ここに主権《しゅけん》が国民《こくみん》に存《そん》することを宣言《せんげん》し、この憲法《けんぽう》を確定《かくてい》する。そもそも国政《こくせい》は、国民《こくみん》の厳粛《げんしゅく》な信託《しんたく》によるものであつて、その権威《けんい》は国民《こくみん》に由来《ゆらい》し、その権力《けんりょく》は国民《こくみん》の代表者《だいひょうしゃ》がこれを行使《こうし》し、その福利《ふくり》は国民《こくみん》がこれを享受《きょうじゅ》する。これは人類普遍《じんるいふへん》の原理《げんり》であり、この憲法《けんぽう》は、かかる原理《げんり》に基《もと》づくものである。われらは、これに反《はん》する一切《いっさい》の憲法《けんぽう》、法令及《ほうれいおよ》び詔勅《しょうちょく》を排除《はいじょ》する。

そして国の政治は、ほかの誰でもなくわたしたち国民に幸せをもたらすためにあるのです。

これは世界共通の考え方で、憲法もこの考えにもとづいています。

だからわたしたちは、この考え方に合わない憲法や法律、天皇の命令など、どんな決まりもいっさい認めません。

永久に平和が続くことを願っている日本の国民は、そのすばらしい理想をかなえるために、人と人の関係がいかに大切か、ということをよく知っています。

他の国の人たちも平和を愛し、約束をしっかり守ってくれるはず、と信じることが、わたしたちが戦争をせず安全に生きて行けることにつながると考えています。

---

日本国民《にほんこくみん》は、恒久《こうきゅう》の平和《へいわ》を念願《ねんがん》し、人間相《にんげんそう》互《ご》の関係《かんけい》を支配《しはい》する崇高《すうこう》な理想《りそう》を深《ふか》く自覚《じかく》するのであつて、平和《へいわ》を愛《あい》する諸国民《しょこくみん》の公正《こうせい》と信義《しんぎ》に信頼《しんらい》して、われらの安全《あんぜん》と生存《せいぞん》を保持《ほじ》しようと決意《けつい》した。われらは、平和《へいわ》を維持《いじ》し、専制《せんせい》と隷従《れいじゅう》、圧迫《あっぱく》と偏狭《へんきょう》を地上《ちじょう》から永遠《えいえん》に除《じょ》去《きょ》しようと努《つと》めてゐる国際社会《こくさいしゃかい》において、名《めい》誉《よ》ある地位《ちい》を占《し》めたいと思《おも》ふ。われらは、全《ぜん》世界《せかい》の国民《こくみん》が、ひとしく恐怖《きょうふ》と欠乏《けつぼう》から免《まぬ》かれ、平和《へいわ》のうちに生存《せいぞん》する権利《けんり》を有《ゆう》することを確認《かくにん》する。

われらは、いづれの国家《こっか》も、自国《じこく》のことのみに専念《せんねん》して他国《たこく》を無視《むし》してはならないのであつて、政治道徳《せいじどうとく》の法則《ほうそく》は、普遍的《ふへんてき》なものであり、この法則《ほうそく》に従《したが》ふことは、自国《じこく》の主権《しゅけん》を

## 前文

いまは平和を維持《いじ》するために、世界中の国々が誰かを支配したり、おどして押さえつけたりする政治を永久に地上からなくそうとしています。

それを実現しようと努力している国々のなかでも、日本はリーダーシップを発揮《はっき》したいと思っています。

世界中のみんなが、恐怖《きょうふ》におびえることも飢《う》えで苦しむこともなく、平和に生きる権利を持っているのです。

どの国も「自分の国さえよければ、ほかの国はどうでもよい」という考え方はよくありません。ほかの国を尊重《そんちょう》するというルールは、世界共通の認識なはずです。

このルールに従うことは、自分の国のことをほかの国にも認めてもらい、対等な関係を保とうと

---

維持《いじ》し、他国《たこく》と対等関係《たいとうかんけい》に立《た》たうとする各国《かっこく》の責務《せきむ》であると信《しん》ずる。

日本国民《にほんこくみん》は、国家《こっか》の名誉《めいよ》にかけ、全力《ぜんりょく》をあげてこの崇高《すうこう》な理想《りそう》と目的《もくてき》を達成《たっせい》することを誓《ちか》ふ。

する国々が果たすべき責任と信じています。

わたしたちは日本のほこりにかけて、憲法のかかげるすばらしい理想と目的を全力で成しとげることを誓《ちか》います。

**第1条**

天皇を日本の国と国民全体の象徴《しょうちょう》にしようと、この国を治める力を持っているわたしたち国民が、みんなの思いで決めました。

---

〔第《だい》1条《じょう》〕 天皇《てんのう》の地位《ちい》と主権在民《しゅけんざいみん》
天皇《てんのう》は、日本国《にほんこく》の象徴《しょうちょう》であり日本国民統合《にほんこくみんとうごう》の象徴《しょうちょう》であつて、この地位《ちい》は、主権《しゅけん》の存《そん》する日《に》本国民《ほんこくみん》の総意《そうい》に基《もと》く。

## 第2条

天皇の位は、その子どもまたその孫へと受けつがれます。くわしいことは国会が作った皇室典範《こうしつてんぱん》という法律で決めます。

---

〔第《だい》2条《じょう》〕皇位《こうい》の世襲《せしゅう》
皇位《こうい》は、世襲《せしゅう》のものであつて、国会《こっかい》の議決《ぎけつ》した皇室典範《こうしつてんぱん》の定《さだ》めるところにより、これを継承《けいしょう》する。

**第3条**

天皇が国のために仕事をするときは、すべて総理大臣とそのほかの大臣たち（内閣）が決め、責任も内閣がとります。

---

［第《だい》3条《じょう》］ 内閣《ないかく》の助言《じょげん》と承認《しょうにん》及《およ》び責任《せきにん》
天皇《てんのう》の国事《こくじ》に関《かん》するすべての行為《こうい》には、内閣《ないかく》の助言《じょげん》と承認《しょうにん》を必要《ひつよう》とし、内閣《ないかく》が、その責任《せきにん》を負《お》ふ。

## 第4条

1　天皇は憲法で決められたことのみを行い、国の政治にはいっさい口出しできません。

2　天皇の仕事は、法律に従ってほかの人に任せることができます。

---

〔第《だい》4条《じょう》〕　天皇《てんのう》の権能《けんのう》と権能行使《けんのうこうし》の委任《いにん》

1天皇《てんのう》は、この憲法《けんぽう》の定《さだ》める国事《こくじ》に関《かん》する行《こう》為《い》のみを行《おこな》ひ、国政《こくせい》に関《かん》する権能《けんのう》を有《ゆう》しない。

2天皇《てんのう》は、法律《ほうりつ》の定《さだ》めるところにより、その国事《こくじ》に関《かん》する行為《こうい》を委任《いにん》することができる。

**第5条**

天皇が幼《おさな》いときなどは、摂政《せっしょう》という人が天皇の仕事を代わりにします。このことも皇室典範《こうしつてんぱん》で決めます。その場合には、第４条の第１項《こう》と同じルールにします。

---

〔第《だい》5条《じょう》〕摂政《せっしょう》

皇室典範《こうしつてんぱん》の定《さだ》めるところにより摂政《せっしょう》を置《お》くときは、摂政《せっしょう》は、天皇《てんのう》の名《な》でその国事《こくじ》に関《かん》する行為《こうい》を行《おこな》ふ。この場合《ばあい》には、前条第一項《ぜんじょうだいいっこう》の規《き》定《てい》を準用《じゅんよう》する。

## 第6条

1　天皇は、国会が選んだ人を総理大臣の役目につけます。

2　天皇は、内閣が選んだ人を最高裁判所の長官の役目につけます。

---

〔第《だい》6条《じょう》〕　天皇《てんのう》の任命行為《にんめいこうい》

1　天皇《てんのう》は、国会《こっかい》の指名《しめい》に基《もと》いて、内閣総理大臣《ないかくそうりだいじん》を任命《にんめい》する。

2　天皇《てんのう》は、内閣《ないかく》の指名《しめい》に基《もと》いて、最高裁判所《さいこうさいばんしょ》の長《ちょう》たる裁判官《さいばんかん》を任命《にんめい》する。

## 第7条

天皇は、内閣が決めた通り次の仕事をします。

一　改正された憲法、新しい法律や外国との条約などをみんなに知らせます。

二　議員を集めて国会を開きます。

三　国会の衆議院を解散します。

四　国会議員の選挙があることを知らせます。

五　大臣などをその職《しょく》に任命したり辞めさせたり、大使などが外国へ行くときに日本の代表であるという書類の確認をします。

六　罪《つみ》を犯した人の罰《ばつ》を軽くしたり許《ゆる》したりする書類の確認をします。

七　勲章《くんしょう》などを授与《じゅよ》します。

八　外国との約束の書類を確認します。

九　外国から来た大使などに会います。

十　儀式《ぎしき》を行います。

---

〔第《だい》7条《じょう》〕天皇《てんのう》の国事行為《こくじこうい》

天皇《てんのう》は、内閣《ないかく》の助言《じょげん》と承認《しょうにん》により、国民《こくみん》のために、左《さ》の国事《こくじ》に関《かん》する行為《こうい》を行《おこな》ふ。

一　憲法改正《けんぽうかいせい》、法律《ほうりつ》、政令及《せいれいおよ》び条約《じょうやく》を公布《こうふ》すること。

二　国会《こっかい》を召集《しょうしゅう》すること。

三　衆議院《しゅうぎいん》を解散《かいさん》すること。

四　国会議員《こっかいぎいん》の総選挙《そうせんきょ》の施行《しこう》を公示《こうじ》すること。

五　国務大臣及《こくむだいじんおよ》び法律《ほうりつ》の定《さだ》めるその他《た》の官吏《かんり》の任免並《にんめんなら》びに全権委任状及《ぜんけんいにんじょうおよ》び大使及《たいしおよ》び公使《こうし》の信任状《しんにんじょう》を認証《にんしょう》すること。

六　大赦《たいしゃ》、特赦《とくしゃ》、減刑《げんけい》、刑《けい》の執行《しっこう》の免除及《めんじょおよ》び復権《ふっけん》を認証《にんしょう》すること。

七　栄典《えいてん》を授与《じゅよ》すること。

八　批准書及《ひじゅんしょおよ》び法律《ほうりつ》の定《さだ》めるその他《た》の外交文書《がいこうぶんしょ》を認証《にんしょう》すること。

九　外国《がいこく》の大使及《たいしおよ》び公使《こうし》を接受《せつじゅ》すること。

十　儀式《ぎしき》を行《おこな》ふこと。

## 第8条

皇室に財産をゆずり渡《わた》したり、または皇室が財産をゆずり受けたりゆずったりするときは、国会の許可をもらいます。

---

［第８条《だいじょう》］財産授受《ざいさんじゅじゅ》の制限《せいげん》
皇室《こうしつ》に財産《ざいさん》を譲《ゆず》り渡《わた》し、又《また》は皇室《こうしつ》が、財産《ざいさん》を譲《ゆず》り受《う》け、若《も》しくは賜与《しよ》することは、国会《こっかい》の議決《ぎけつ》に基《もと》づかなければならない。

## 第9条

1　世界の平和を願い求めているわたしたちには、正しいといえる考えがあります。それは、ほかの国との間のもめ事を解決するために、武器の力でおどしたり武器を使ったりせず、戦争をしない、永久に放棄《ほうき》するということです。

2　それを実現するために、陸軍や海軍や空軍などの戦力は持ちません。国が戦争をすることは認めません。

---

〔第《だい》9条《じょう》〕　戦争《せんそう》の放棄《ほうき》と戦力及《せんりょくおよ》び交戦権《こうせんけん》の否《ひ》認《にん》

1日本国民《にほんこくみん》は、正義《せいぎ》と秩序《ちつじょ》を基調《きちょう》とする国際《こくさい》平和《へいわ》を誠実《せいじつ》に希求《ききゅう》し、国権《こっけん》の発動《はつどう》たる戦争《せんそう》と、武力《ぶりょく》による威嚇《いかく》又《また》は武力《ぶりょく》の行使《こうし》は、国《こく》際紛争《さいふんそう》を解決《かいけつ》する手段《しゅだん》としては、永久《えいきゅう》にこれを放棄《ほうき》する。

2前項《ぜんこう》の目的《もくてき》を達《たっ》するため、陸海空軍《りくかいくうぐん》その他《た》の戦力《せんりょく》は、これを保持《ほじ》しない。国《くに》の交戦権《こうせんけん》は、これを認《みと》めない。

**第10条**

どういう人が日本の国民かということは、法律で決めます。

---

［第《だい》10条《じょう》］国民《こくみん》たる要件《ようけん》

日本国民《にほんこくみん》たる要件《ようけん》は、法律《ほうりつ》でこれを定《さだ》める。

## 第11条

わたしたち国民は、人間らしく生きるためのすべての権利を持っています。それが基本的人権で、誰からもおびやかされることのない永久の権利です。それはいま生きている国民だけではなく、これから生まれてくる国民も生まれながらに持っています。

〔第《だい》11条《じょう》〕 基本的人権《きほんてきじんけん》

国民《こくみん》は、すべての基本的人権《きほんてきじんけん》の享有《きょうゆう》を妨《さまた》げられない。この憲法《けんぽう》が国民《こくみん》に保障《ほしょう》する基本的人《きほんてきじん》権《けん》は、侵《おか》すことのできない永久《えいきゅう》の権利《けんり》として、現在及《げんざいおよ》び将来《しょうらい》の国民《こくみん》に与《あた》へられる。

## 第12条

この憲法で守られているわたしたちの自由や権利は、わたしたち国民みんなが一生懸命《いっしょうけんめい》守っていくものです。わたしたちは自由や権利があるから何をやってもよいわけではなく、いつも世の中すべての人が幸せになるために使っていかなければいけません。

---

〔第《だい》12条《じょう》〕　自由《じゆう》及《およ》び権利《けんり》の保持義務《ほじぎむ》と公共福祉性《こうきょうふくしせい》

この憲法《けんぽう》が国民《こくみん》に保障《ほしょう》する自由《じゆう》及《およ》び権利《けんり》は、国民《こくみん》の不断《ふだん》の努力《どりょく》によつて、これを保持《ほじ》しなければならない。又《また》、国民《こくみん》は、これを濫用《らんよう》してはならないのであつて、常《つね》に公共《こうきょう》の福祉《ふくし》のためにこれを利用《りよう》する責任《せきにん》を負《お》ふ。

## 第13条

わたしたち国民は、誰もが個人として大切にされ命と自由と幸せを求める権利があります。国会で法律を作ったり、国が政治を行うときは、ほかの人の自由や権利をおかさない限り、これらの権利をもっとも大切にしなければいけません。

---

〔第《だい》13条《じょう》〕　個人《こじん》の尊重《そんちょう》と公共《こうきょう》の福祉《ふくし》

すべて国民《こくみん》は、個人《こじん》として尊重《そんちょう》される。生命《せいめい》、自由及《じゆうおよ》び幸福追求《こうふくついきゅう》に対《たい》する国民《こくみん》の権利《けんり》については、公共《こうきょう》の福祉《ふくし》に反《はん》しない限《かぎ》り、立法《りっぽう》その他《た》の国政《こくせい》の上《うえ》で、最大《さいだい》の尊重《そんちょう》を必要《ひつよう》とする。

## 第14条

1 わたしたち国民はみんな平等です。人種や考え方、性別や職業や家柄《いえがら》などの違いで差別することは絶対に許されません。

2 貴族《きぞく》などの身分制度は認めません。

3 勲章《くんしょう》などは、その人だけに与えられるもので子どもや孫《まご》に引きつがれることはありません。

---

[第《だい》14条《じょう》] 平等原則《びょうどうげんそく》、貴族制度《きぞくせいど》の否認及《ひにんおよ》び栄典《えいてん》の限界《げんかい》

1すべて国民《こくみん》は、法《ほう》の下《もと》に平等《びょうどう》であつて、人種《じんしゅ》、信条《しんじょう》、性別《せいべつ》、社会的身分又《しゃかいてきみぶんまた》は門地《もんち》により、政治的《せいじてき》、経済的又《けいざいてきまた》は社会的関係《しゃかいてきかんけい》において、差別《さべつ》されない。

2華族《かぞく》その他《た》の貴族《きぞく》の制度《せいど》は、これを認《みと》めない。

3栄誉《えいよ》、勲章《くんしょう》その他《た》の栄典《えいてん》の授与《じゅよ》は、いかなる特権《とっけん》も伴《ともな》はない。栄典《えいてん》の授与《じゅよ》は、現《げん》にこれを有《ゆう》し、又《また》は将来《しょうらい》これを受《う》ける者《もの》の一代《いちだい》に限《かぎ》り、その効力《こうりょく》を有《ゆう》する。

## 第15条

1　公務員（議員など）を選んだり辞めさせたりできるのは、わたしたち国民だけの権利です。

2　すべての公務員は、国民みんなのために仕事をしなければいけません。一部の人だけのために働いてはいけません。

3　議員などを選ぶときは、成人なら誰でも選挙で投票できます。

4　誰にまたはどの政党《せいとう》に投票したかは、秘密《ひみつ》にできます。どんな投票をしてもいっさい責任を問われることはありません。

---

［第《だい》15条《じょう》］　公務員《こうむいん》の選定罷免権《せんていひめんけん》、公務員《こうむいん》の本質《ほんしつ》、普通選挙《ふつうせんきょ》の保障《ほしょう》及《およ》び投票秘密《とうひょうひみつ》の保障《ほしょう》

1公務員《こうむいん》を選定《せんてい》し、及《およ》びこれを罷免《ひめん》することは、国民固有《こくみんこゆう》の権利《けんり》である。

2すべて公務員《こうむいん》は、全体《ぜんたい》の奉仕者《ほうししゃ》であつて、一部《いちぶ》の奉仕者《ほうししゃ》ではない。

3公務員《こうむいん》の選挙《せんきょ》については、成年者《せいねんしゃ》による普《ふ》通選挙《つうせんきょ》を保障《ほしょう》する。

4すべて選挙《せんきょ》における投票《とうひょう》の秘密《ひみつ》は、これを侵《おか》してはならない。選挙人《せんきょにん》は、その選択《せんたく》に関《かん》し公的《こうてき》にも私的《してき》にも責任《せきにん》を問《と》はれない。

## 第16条

困ったときに助けを求めたり、公務員を辞めさせたいとき、法律などを作ったりなくしたり変えてほしいときは、誰でもこのような要求をすることができます。要求をしたからといって、不公平な扱《あつか》いを受けることはありません。

---

［第《だい》16条《じょう》］請願権《せいがんけん》

何人《なんぴと》も、損害《そんがい》の救済《きゅうさい》、公務員《こうむいん》の罷免《ひめん》、法律《ほうりつ》、命令又《めいれいまた》は規則《きそく》の制定《せいてい》、廃止又《はいしまた》は改正《かいせい》その他《た》の事項《じこう》に関《かん》し、平穏《へいおん》に請願《せいがん》する権利《けんり》を有《ゆう》し、何《なん》人《びと》も、かかる請願《せいがん》をしたためにいかなる差別《さべつ》待遇《たいぐう》も受《う》けない。

## 第17条

もし公務員によるひどい行いで迷惑《めいわく》をかけられたら、国や地方自治体（都道府県、市区町村）に対して賠償《ばいしょう》を求めることができます。

---

〔第《だい》17条《じょう》〕　公務員《こうむいん》の不法行為《ふほうこうい》による損害《そんがい》の賠償《ばいしょう》

何人《なんぴと》も、公務員《こうむいん》の不法行為《ふほうこうい》により、損害《そんがい》を受《う》けたときは、法律《ほうりつ》の定《さだ》めるところにより、国《くに》又《また》は公共団体《こうきょうだんたい》に、その賠償《ばいしょう》を求《もと》めることができる。

## 第18条

誰も奴隷《どれい》のように自由をうばわれることはありません。犯罪を犯したときに罰を受けることを除いて、無理やり苦しい労働をさせられることはありません。

---

〔第《だい》18条《じょう》〕 奴隷的拘束及《どれいてきこうそくおよ》び苦役《くえき》の禁止《きんし》
何人《なんぴと》も、いかなる奴隷的拘束《どれいてきこうそく》も受《う》けない。又《また》、犯罪《はんざい》に因《よ》る処罰《しょばつ》の場合《ばあい》を除《のぞ》いては、その意《い》に反《はん》する苦役《くえき》に服《ふく》させられない。

## 第19条

誰がどんな考え方を持ち、どんな価値観を持つことも自由で、誰に邪魔《じゃま》されることもありません。

---

〔第《だい》19条《じょう》〕思想及《しそうおよ》び良心《りょうしん》の自由《じゆう》
思想及《しそうおよ》び良心《りょうしん》の自由《じゆう》は、これを侵《おか》してはならない。

## 第20条

1　どんな宗教を信じるか、または信じないかはその人の自由です。どの宗教団体も国から特別扱《あつか》いされることはありません。政治に関して力を持ってもいけません。

2　宗教の習慣《しゅうかん》やイベント、儀式などに無理やり参加させられることはありません。

3　国や国の機関（大臣など）や地方自治体は、何かの宗教のための教育や、宗教的な活動をすることはできません。

---

〔第《だい》20条《じょう》〕　信教《しんきょう》の自由《じゆう》

1信教《しんきょう》の自由《じゆう》は、何人《なんぴと》に対《たい》してもこれを保障《ほしょう》する。いかなる宗教団体《しゅうきょうだんたい》も、国《くに》から特権《とっけん》を受《う》け、又《また》は政治上《せいじじょう》の権力《けんりょく》を行使《こうし》してはならない。

2何人《なんぴと》も、宗教上《しゅうきょうじょう》の行為《こうい》、祝典《しゅくてん》、儀式《ぎしき》又《また》は行事《ぎょうじ》に参加《さんか》することを強制《きょうせい》されない。

3国及《くにおよ》びその機関《きかん》は、宗教教育《しゅうきょうきょういく》その他《た》いかなる宗教的活動《しゅうきょうてきかつどう》もしてはならない。

## 第21条

1　集会を開いたり、団体や会を作ったり、話し合ったり、本などに文章を載《の》せたり、そのほか思っていることを何でも自由に表現することが認められています。

2　国は、これから発行されようとしている本や新聞やテレビ番組などをチェックして取りしまることをいっさいしてはいけません。人の手紙やメールを勝手に読んだり、電話の内容を盗《ぬす》み聞きしてもいけません。

---

［第《だい》21条《じょう》］　集会《しゅうかい》、結社及《けっしゃおよ》び表現《ひょうげん》の自由《じゆう》と通信《つうしん》秘密《ひみつ》の保護《ほご》

1集会《しゅうかい》、結社及《けっしゃおよ》び言論《げんろん》、出版《しゅっぱん》その他一切《たいっさい》の表《ひょう》現《げん》の自由《じゆう》は、これを保障《ほしょう》する。

2検閲《けんえつ》は、これをしてはならない。通信《つうしん》の秘《ひ》密《みつ》は、これを侵《おか》してはならない。

## 第22条

1 人に迷惑《めいわく》をかけない限り、どこに住んでもどこに引っ越しても自由で、どんな職業を選ぶこ
とも自由です。

2 誰でも外国に引っ越し、日本の国籍《こくせき》をやめて別の国籍を持つことも自由です。

---

〔第《だい》22条《じょう》〕 居住《きょじゅう》、移転《いてん》、職業選択《しょくぎょうせんたく》、外国移住《がいこくいじゅう》及《およ》び国籍離脱《こくせきりだつ》の自由《じゆう》

1 何人《なんびと》も、公共《こうきょう》の福祉《ふくし》に反《はん》しない限《かぎ》り、居住《きょじゅう》、移転《いてん》及《およ》び職業選択《しょくぎょうせんたく》の自由《じゆう》を有《ゆう》する。

2 何人《なんびと》も、外国《がいこく》に移住《いじゅう》し、又《また》は国籍《こくせき》を離脱《りだつ》する自由《じゆう》を侵《おか》されない。

第23条

何をどう学び、研究するのも自由です。

［第《だい》23条《じょう》］学問《がくもん》の自由《じゆう》
学問《がくもん》の自由《じゆう》は、これを保障《ほしょう》する。

## 第24条

1 結婚は、結婚する男女の意志だけで決めることができます。夫婦はどちらも同じ立場ということを基本にして、おたがいが助け合って家庭を作っていきます。

2 誰と結婚するか、持ち物の権利をどうするか、財産をどう受けつぐか、どこに住むか、離婚《りこん》や家族関係の問題などについて法律を作るときは、一人ひとりがそれぞれかけがえのない人格を持ち、男女の関係は平等であるということを重視して決めなければいけません。

---

【第《だい》24条《じょう》】　家族関係《かぞくかんけい》における個人《こじん》の尊厳《そんげん》と両《りょう》性《せい》の平等《びょうどう》

1 婚姻《こんいん》は、両性《りょうせい》の合意《ごうい》のみに基《もと》いて成立《せいりつ》し、夫婦《ふうふ》が同等《どうとう》の権利《けんり》を有《ゆう》することを基本《きほん》として、相互《そうご》の協力《きょうりょく》により、維持《いじ》されなければならない。

2 配偶者《はいぐうしゃ》の選択《せんたく》、財産権《ざいさんけん》、相続《そうぞく》、住居《じゅうきょ》の選定《せんてい》、離婚《りこん》並《なら》びに婚姻《こんいん》及《およ》び家族《かぞく》に関《かん》するその他《た》の事項《じこう》に関《かん》しては、法律《ほうりつ》は、個人《こじん》の尊厳《そんげん》と両《りょう》性《せい》の本質的平等《ほんしつてきびょうどう》に立脚《りっきゃく》して、制定《せいてい》されなければならない。

## 第25条

1 すべての国民は、健康で文化的な最低限度の生活をおくる権利があります。

2 国はそういった生活ができるよう援助や保障をして、よりよい環境《かんきょう》で生きられる社会を作っていかなければいけません。

---

〔第《だい》25条《じょう》〕 生存権《せいぞんけん》及《およ》び国民生活《こくみんせいかつ》の社会的進歩《しゃかいてきしんぽ》向上《こうじょう》に努《つと》める国《くに》の義務《ぎむ》

1すべて国民《こくみん》は、健康《けんこう》で文化的《ぶんかてき》な最低限度《さいていげんど》の生活《せいかつ》を営《いとな》む権利《けんり》を有《ゆう》する。

2国《くに》は、すべての生活部面《せいかつぶめん》について、社会福祉《しゃかいふくし》、社会保障《しゃかいほしょう》及《およ》び公衆衛生《こうしゅうえいせい》の向上《こうじょう》及《およ》び増進《ぞうしん》に努《つと》めなければならない。

## 第26条

1　すべての国民は、誰でも自分の能力にあった教育を受ける権利があります。

2　保護者《ほごしゃ》は、子どもに教育を受けさせる義務があります。義務教育は無料で受けられます。

---

［第《だい》26条《じょう》］　教育《きょういく》を受《う》ける権利《けんり》と受《う》けさせる義務《ぎむ》

1すべて国民《こくみん》は、法律《ほうりつ》の定《さだ》めるところにより、その能力《のうりょく》に応《おう》じて、ひとしく教育《きょういく》を受《う》ける権利《けんり》を有《ゆう》する。

2すべて国民《こくみん》は、法律《ほうりつ》の定《さだ》めるところにより、その保護《ほご》する子女《しじょ》に普通教育《ふつうきょういく》を受《う》けさせる義務《ぎむ》を負《お》ふ。義務教育《ぎむきょういく》は、これを無償《むしょう》とする。

## 第27条

1　すべての国民は、賃金をもらって働く権利と義務があります。

2　賃金や労働時間、休みやそのほかの働くことに関するルールは法律で決めます。

3　子どもにきつい労働をさせてはいけません。

---

[第《だい》27条《じょう》]　勤労《きんろう》の権利《けんり》と義務《ぎむ》、勤労条件《きんろうじょうけん》の基《き》準及《じゅんおよ》び児童酷使《じどうこくし》の禁止《きんし》

1すべて国民《こくみん》は、勤労《きんろう》の権利《けんり》を有《ゆう》し、義務《ぎむ》を負《お》ふ。

2賃金《ちんぎん》、就業《しゅうぎょう》時間《じかん》、休息《きゅうそく》その他《た》の勤労条件《きんろうじょうけん》に関《かん》する基準《きじゅん》は、法律《ほうりつ》でこれを定《さだ》める。

3児童《じどう》は、これを酷使《こくし》してはならない。

## 第28条

働く人たちには、働く人同士でグループ（労働組合）を作る権利、仕事について会社と話し合い改《かい》善《ぜん》を求める権利、ストライキなどの行動をする権利があります。

---

［第《だい》28条《じょう》］　勤労者《きんろうしゃ》の団結権《だんけつけん》及《およ》び団体行動権《だんたいこうどうけん》勤労者《きんろうしゃ》の団結《だんけつ》する権利《けんり》及《およ》び団体交渉《だんたいこうしょう》その他《た》の団体行動《だんたいこうどう》をする権利《けんり》は、これを保障《ほしょう》する。

## 第29条

1　自分の財産は自分のもので、うばわれることはありません。

2　財産のくわしいことに関しては、社会全体の共通の利益になるよう法律で決めます。

3　個人の財産（土地など）を国民みんなのために使わせてもらいたいときは、国はそれに見合うお金を払わなければいけません。

---

［第《だい》29条《じょう》］　財産権《ざいさんけん》

1財産権《ざいさんけん》は、これを侵《おか》してはならない。

2財産権《ざいさんけん》の内容《ないよう》は、公共《こうきょう》の福祉《ふくし》に適合《てきごう》するやうに、法律《ほうりつ》でこれを定《さだ》める。

3私有財産《しゆうざいさん》は、正当《せいとう》な補償《ほしょう》の下《もと》に、これを公《こう》共《きょう》のために用《もち》ひることができる。

## 第30条

国民は、法律で決められた通りに税金を払わなければいけません。

---

［第《だい》30条《じょう》］ 納税《のうぜい》の義務《ぎむ》
国民《こくみん》は、法律《ほうりつ》の定《さだ》めるところにより、納税《のうぜい》の義務《ぎむ》を負《お》ふ。

**第31条**

法律で決められた正しいやり方によらなければ、わたしたちの命や自由がうばわれることも、罰を与えられることもありません。

---

〔第《だい》31条《じょう》〕 生命《せいめい》及《およ》び自由《じゆう》の保障《ほしょう》と科刑《かけい》の制約《せいやく》
何人《なんびと》も、法律《ほうりつ》の定《さだ》める手続《てつづき》によらなければ、その生命《せいめい》若《も》しくは自由《じゆう》を奪《うば》はれ、又《また》はその他《た》の刑罰《けいばつ》を科《か》せられない。

## 第32条

# 誰でも裁判所で裁判を受ける権利があります。

〔第《だい》32条《じょう》〕 裁判《さいばん》を受《う》ける権利《けんり》
何人《なんぴと》も、裁判所《さいばんしょ》において裁判《さいばん》を受《う》ける権利《けんり》を奪《うば》はれない。

**第33条**

現行犯以外は、裁判官が発行した罪の内容の書かれた逮捕状がなければ、逮捕されることはありません。

---

［第《だい》33条《じょう》］逮捕《たいほ》の制約《せいやく》

何人《なんぴと》も、現行犯《げんこうはん》として逮捕《たいほ》される場合《ばあい》を除《のぞ》いては、権限《けんげん》を有《ゆう》する司法官憲《しほうかんけん》が発《はっ》し、且《か》つ理《り》由《ゆう》となつてゐる犯罪《はんざい》を明示《めいじ》する令状《れいじょう》によらなければ、逮捕《たいほ》されない。

**第34条**

誰でも警察などに捕《つか》まったときは、その理由をすぐに知らされ、すぐに弁護士を頼む権利が与えられます。きちんとした理由がないのに、捕まったり捕まったままでいることはありません。もし本人、家族、弁護士などが希望すれば、誰もが傍聴《ぼうちょう》できる公開された裁判所の法廷《ほうてい》で、捕まった理由の説明を受けることができます。

---

〔第《だい》34条《じょう》〕　抑留及《よくりゅうおよ》び拘禁《こうきん》の制約《せいやく》

何人《なんぴと》も、理由《りゆう》を直《ただ》ちに告《つ》げられ、且《か》つ、直《ただ》ちに弁護人《べんごにん》に依頼《いらい》する権利《けんり》を与《あた》へられなければ、抑留又《よくりゅうまた》は拘禁《こうきん》されない。又《また》、何人《なんぴと》も、正当《せいとう》な理由《りゆう》がなければ、拘禁《こうきん》されず、要求《ようきゅう》があれば、その理由《りゆう》は、直《ただ》ちに本人及《ほんにんおよ》びその弁護人《べんごにん》の出《しゅっ》席《せき》する公開《こうかい》の法廷《ほうてい》で示《しめ》されなければならない。

## 第35条

1　第33条にあてはまる場合を除いて、捜索《そうさく》する場所と取り上げる物がはっきり書かれた令状《れいじょう》がなければ、勝手に家のなかに入って捜索されたり、証拠品《しょうこひん》として書類や持ち物などを取り上げられることはありません。

2　捜索したり持ち物を取り上げるときは、裁判官が発行した令状が必要です。

---

〔第《だい》35条《じょう》〕　侵入《しんにゅう》、捜索及《そうさくおよ》び押収《おうしゅう》の制約《せいやく》

1何人《なんぴと》も、その住居《じゅうきょ》、書類及《しょるいおよ》び所持品《しょじひん》について、侵入《しんにゅう》、捜索及《そうさくおよ》び押収《おうしゅう》を受《う》けることのない権利《けんり》は、第三十三条《だいさんじゅうさんじょう》の場合《ばあい》を除《のぞ》いては、正当《せいとう》な理由《りゆう》に基《もと》いて発《はっ》せられ、且《か》つ捜索《そうさく》する場所及《ばしょおよ》び押収《おうしゅう》する物《もの》を明示《めいじ》する令状《れいじょう》がなければ、侵《おか》されない。

2捜索又《そうさくまた》は押収《おうしゅう》は、権限《けんげん》を有《ゆう》する司法官憲《しほうかんけん》が発《はっ》する各別《かくべつ》の令状《れいじょう》により、これを行《おこな》ふ。

## 第36条

罪を犯した疑いのある人に対して、暴力で自白を引き出そうとしたり、犯罪に対して残酷《ざんこく》な罰を与えることは絶対に許されません。

---

〔第《だい》36条《じょう》〕 拷問及《ごうもんおよ》び残虐《ざんぎゃく》な刑罰《けいばつ》の禁止《きんし》
公務員《こうむいん》による拷問及《ごうもんおよ》び残虐《ざんぎゃく》な刑罰《けいばつ》は、絶対《ぜったい》にこれを禁《きん》ずる。

## 第37条

1　罪を犯したと疑われたときは、公平な裁判所の裁判を受けることができます。その裁判は公開され、できるだけ早く行われます。

2　裁判では、事実を証明《しょうめい》する証人《しょうにん》に話してもらうことができます。また国のお金で証人となる人を探し、連れてきてもらうことができます。

3　裁判を受けるときは弁護士を頼むことができます。もし自分で弁護士を頼めないときは、国が用意します。

---

［第《だい》37条《じょう》］　刑事被告人《けいじひこくにん》の権利《けんり》

1　すべて刑事事件《けいじじけん》においては、被告人《ひこくにん》は、公《こう》平《へい》な裁判所《さいばんしょ》の迅速《じんそく》な公開裁判《こうかいさいばん》を受《う》ける権利《けんり》を有《ゆう》する。

2　刑事被告人《けいじひこくにん》は、すべての証人《しょうにん》に対《たい》して審問《しんもん》する機会《きかい》を充分《じゅうぶん》に与《あた》へられ、又《また》、公費《こうひ》で自《じ》己《こ》のために強制的手続《きょうせいてきてつづき》により証人《しょうにん》を求《もと》める権利《けんり》を有《ゆう》する。

3　刑事被告人《けいじひこくにん》は、いかなる場合《ばあい》にも、資格《しかく》を有《ゆう》する弁護人《べんごにん》を依頼《いらい》することができる。被《ひ》告人《こくにん》が自《みずか》らこれを依頼《いらい》することができないときは、国《くに》でこれを附《ふ》する。

## 第38条

1　誰であっても取り調べや裁判などで、自分が不利になることを無理に言わされることはありません。

2　無理やり言わされたり、暴力的な取り調べを受けたり、おどされて言わされた自白、わけもなく長い間捕まったあとの自白は証拠になりません。

3　本人の自白しか証拠がないときは、有罪になりません。

---

［第《だい》38条《じょう》］　自白強要《じはくきょうよう》の禁止《きんし》と自白《じはく》の証拠能力《しょうこのうりょく》の限界《げんかい》

1何人《なんぴと》も、自己《じこ》に不利益《ふりえき》な供述《きょうじゅつ》を強要《きょうよう》されない。

2強制《きょうせい》、拷問若《ごうもんも》しくは脅迫《きょうはく》による自白又《じはくまた》は不《ふ》当《とう》に長《なが》く抑留若《よくりゅうも》しくは拘禁《こうきん》された後《のち》の自白《じはく》は、これを証拠《しょうこ》とすることができない。

3何人《なんぴと》も、自己《じこ》に不利益《ふりえき》な唯一《ゆいいつ》の証拠《しょうこ》が本人《ほんにん》の自白《じはく》である場合《ばあい》には、有罪《ゆうざい》とされ、又《また》は刑罰《けいばつ》を科《か》せられない。

## 第39条

その当時は法律に違反していなかった行為を、あとからできた法律で罰すること、無罪となった行為をあとから罪にすることはできません。同じ犯罪が何度も裁判にかけられることはありません。

---

［第《だい》39条《じょう》］ 遡及処罰《そきゅうしょばつ》、二重処罰等《にじゅうしょばつとう》の禁止《きんし》
何人《なんびと》も、実行《じっこう》の時《とき》に適法《てきほう》であつた行為《こうい》又《また》は既《すで》に無罪《むざい》とされた行為《こうい》については、刑事上《けいじじょう》の責任《せきにん》を問《と》はれない。又《また》、同一《どういつ》の犯罪《はんざい》について、重《かさ》ねて刑事上《けいじじょう》の責任《せきにん》を問《と》はれない。

## 第40条

警察に捕まったのに裁判で無罪だったときは、国にお金を要求できます。

---

［第《だい》40条《じょう》］ 刑事補償《けいじほしょう》

何人《なんぴと》も、抑留又《よくりゅうまた》は拘禁《こうきん》された後《のち》、無罪《むざい》の裁判《さいばん》を受《う》けたときは、法律《ほうりつ》の定《さだ》めるところにより、国《くに》にその補償《ほしょう》を求《もと》めることができる。

**第41条**

国会は国民を代表する組織で、国の政治の中心です。法律を作ることができるのは国会だけです。

---

〔第《だい》41条《じょう》〕国会《こっかい》の地位《ちい》

国会《こっかい》は、国権《こっけん》の最高機関《さいこうきかん》であつて、国《くに》の唯一《ゆいいつ》の立法機関《りっぽうきかん》である。

## 第42条

国会は、衆議院と参議院の二つの議会（議院）で成り立っています。

---

［第《だい》42条《じょう》］二院制《にいんせい》

国会《こっかい》は、衆議院《しゅうぎいん》及《およ》び参議院《さんぎいん》の両議院《りょうぎいん》でこれを構成《こうせい》する。

**第43条**

1　衆議院も参議院も、すべての国民を代表する人が選挙で選ばれて議員になります。

2　両議院の議員の人数は、法律で決めます。

---

〔第《だい》43条《じょう》〕　両議院《りょうぎいん》の組織《そしき》

1両議院《りょうぎいん》は、全国民《ぜんこくみん》を代表《だいひょう》する選挙《せんきょ》された議《ぎ》員《いん》でこれを組織《そしき》する。

2両議院《りょうぎいん》の議員《ぎいん》の定数《ていすう》は、法律《ほうりつ》でこれを定《さだ》める。

**第44条**

どんな人が両議院の議員になれるか、誰が選挙で投票できるかは法律で決めます。そのときに人種や考え方、性別や社会的地位や家柄、受けてきた教育や金持ちかどうかなどで差別することは許されません。

---

【第《だい》44条《じょう》】議員《ぎいん》及《およ》び選挙人《せんきょにん》の資格《しかく》
両議院《りょうぎいん》の議員《ぎいん》及《およ》びその選挙人《せんきょにん》の資格《しかく》は、法律《ほうりつ》でこれを定《さだ》める。但《ただ》し、人種《じんしゅ》、信条《しんじょう》、性別《せいべつ》、社会的身分《しゃかいてきみぶん》、門地《もんち》、教育《きょういく》、財産又《ざいさんまた》は収入《しゅうにゅう》によつて差別《さべつ》してはならない。

**第45条**

衆議院議員として働く期間は四年です。ただし衆議院が途中で解散した場合は、そこで議員の仕事は終わりになります。

---

〔第《だい》45条《じょう》〕　衆議院議員《しゅうぎいんぎいん》の任期《にんき》

衆議院議員《しゅうぎいんぎいん》の任期《にんき》は、四年《よねん》とする。但《ただ》し、衆《しゅう》議院《ぎいん》解散《かいさん》の場合《ばあい》には、その期間満了前《きかんまんりょうまえ》に終了《しゅうりょう》する。

## 第46条

参議院議員として働く期間は六年です。三年ごとに選挙をして、議員を半分ずつ入れかえます。

---

〔第《だい》46条《じょう》〕 参議院議員《さんぎいんぎいん》の任期《にんき》
参議院議員《さんぎいんぎいん》の任期《にんき》は、六年《ろくねん》とし、三年《さんねん》ごとに
議員《ぎいん》の半数《はんすう》を改選《かいせん》する。

**第47条**

どの地域ごとに選挙をするか、投票の方法をどうするかなど、両議院の議員を決める選挙については法律で決めます。

---

［第《だい》47条《じょう》］ 議員《ぎいん》の選挙《せんきょ》

選挙区《せんきょく》、投票《とうひょう》の方法《ほうほう》その他《た》両議院《りょうぎいん》の議員《ぎいん》の選《せん》挙《きょ》に関《かん》する事項《じこう》は、法律《ほうりつ》でこれを定《さだ》める。

**第48条**

一人の人が、衆議院と参議院の両方の議員を同時にすることはできません。

---

［第《だい》48条《じょう》］両議院議員相互兼職の禁止《りょうぎいんぎいんそうごけんしょくのきんし》

何人《なんぴと》も、同時《どうじ》に両議院《りょうぎいん》の議員《ぎいん》たることはできない。

## 第49条

両議院の議員は、法律の決まりに沿って国が集めた税金から給料をもらいます。

---

〔第《だい》49条《じょう》〕 議員《ぎいん》の歳費《さいひ》

両議院《りょうぎいん》の議員《ぎいん》は、法律《ほうりつ》の定《さだ》めるところにより、国庫《こっこ》から相当額《そうとうがく》の歳費《さいひ》を受《う》ける。

## 第50条

両議院の議員は、法律で決められている場合を除いて、国会が開かれている期間に逮捕されることはありません。国会が開かれる前に逮捕されたときは、その議員が所属している議会（衆議院か参議院）から要求があれば、国会の期間中だけ釈放《しゃくほう》されます。

---

【第《だい》50条《じょう》】　議員《ぎいん》の不《ふ》逮捕《たいほ》特権《とっけん》
両議院《りょうぎいん》の議員《ぎいん》は、法律《ほうりつ》の定《さだ》める場合《ばあい》を除《のぞ》いては、国会《こっかい》の会期中《かいきちゅう》逮捕《たいほ》されず、会期前《かいきまえ》に逮捕《たいほ》された議員《ぎいん》は、その議院《ぎいん》の要求《ようきゅう》があれば、会《かい》期中《きちゅう》これを釈放《しゃくほう》しなければならない。

## 第51条

両議院の議員は、その議会で演説したり、意見を言い合ったり、賛成や反対したことでその議会の外で責任を問われることはありません。

---

［第《だい》51条《じょう》］議員《ぎいん》の発言表決《はつげんひょうけつ》の無答責《むとうせき》
両議院《りょうぎいん》の議員《ぎいん》は、議院《ぎいん》で行《おこな》つた演説《えんぜつ》、討論《とうろん》又《また》は表決《ひょうけつ》について、院外《いんがい》で責任《せきにん》を問《と》はれない。

## 第52条

通常の国会は毎年一回、議員を集めて開かれます。

---

〔第《だい》52条《じょう》〕 常会《じょうかい》

国会《こっかい》の常会《じょうかい》は、毎年一回《まいとしいっかい》これを召集《しょうしゅう》する。

**第53条**

内閣は、通常の国会を開いていないときは、臨時《りんじ》の国会を開くことができます。衆議院か参議院のどちらか四分の一以上の議員の求めがあれば、内閣は議員を集めて国会を開かなければいけません。

---

〔第《だい》53条《じょう》〕 臨時会《りんじかい》

内閣《ないかく》は、国会《こっかい》の臨時会《りんじかい》の召集《しょうしゅう》を決定《けってい》することができる。いづれかの議院《ぎいん》の総議員《そうぎいん》の四分《よんぶん》の一以上《いちいじょう》の要求《ようきゅう》があれば、内閣《ないかく》は、その召集《しょうしゅう》を決定《けってい》しなければならない。

## 第54条

1　衆議院が解散をしたときは、解散した日から四十日以内に選挙を行い、選挙が終わってから三十日以内に国会を開かなければいけません。

2　衆議院が解散をしたときは、参議院もいったんお休みになります。急いで決めなければいけないことがあるときは、内閣の判断で参議院の緊急《きんきゅう》集会を開き、国会全体の仕事をします。

3　参議院が緊急集会で決めた中身は仮のものであり、次の国会が開かれたときに衆議院が十日以内に賛成しなければ、取り消しになります。

---

〔第《だい》54条《じょう》〕　総選挙《そうせんきょ》、特別会及《とくべつかいおよ》び緊急集会《きんきゅうしゅうかい》

1衆議院《しゅうぎいん》が解散《かいさん》されたときは、解散《かいさん》の日《ひ》から四十日以内《よんじゅうにちいない》に、衆議院議員《しゅうぎいんぎいん》の総選挙《そうせんきょ》を行《おこな》ひ、その選挙《せんきょ》の日《ひ》から三十日以内《さんじゅうにちいない》に、国会《こっかい》を召集《しょうしゅう》しなければならない。

2衆議院《しゅうぎいん》が解散《かいさん》されたときは、参議院《さんぎいん》は、同時《どうじ》に閉会《へいかい》となる。但《ただ》し、内閣《ないかく》は、国《くに》に緊急《きんきゅう》の必要《ひつよう》があるときは、参議院《さんぎいん》の緊急集会《きんきゅうしゅうかい》を求《もと》めることができる。

3前項但書《ぜんこうただしがき》の緊急集会《きんきゅうしゅうかい》において採《と》られた措置《そち》は、臨時《りんじ》のものであつて、次《つぎ》の国会開会《こっかいかいかい》の後十日以内《のちとおかいない》に、衆議院《しゅうぎいん》の同意《どうい》がない場合《ばあい》には、その効力《こうりょく》を失《うしな》ふ。

**第55条**

両議院とも、誰かが議員でいる資格がないのではないか、と訴《うった》えがあった場合は、その議員が所属する議会（議院）が判断します。議員を辞めさせるためには、その議会に出席した議員の三分の二以上の賛成が必要です。

---

［第《だい》55条《じょう》］ 資格争訟《しかくそうしょう》
両議院《りょうぎいん》は、各々《おのおの》その議員《ぎいん》の資格《しかく》に関《かん》する争訟《そうしょう》を裁判《さいばん》する。但《ただ》し、議員《ぎいん》の議席《ぎせき》を失《うしな》はせるには、出席議員《しゅっせきぎいん》の三分《さんぶん》の二《に》以上《いじょう》の多数《たすう》による議決《ぎけつ》を必要《ひつよう》とする。

## 第56条

1 両議院は、それぞれの議員の三分の一以上の出席がないときは、会議を開いたり何かを決めることはできません。

2 両議院とも会議で話し合っている議題は、出席した議員の半分より多くの賛成で決まります。賛成と反対が同数だったときは、議長がどちらにするか決めます。

---

〔第《だい》56条《じょう》〕議事《ぎじ》の定足数《ていそくすう》と過半数議決《かはんすうぎけつ》

1 両議院《りょうぎいん》は、各々《おのおの》その総議員《そうぎいん》の三分《さんぶん》の一以上《いちいじょう》の出席《しゅっせき》がなければ、議事《ぎじ》を開《ひら》き議決《ぎけつ》することができない。

2 両議院《りょうぎいん》の議事《ぎじ》は、この憲法《けんぽう》に特別《とくべつ》の定《さだめ》のある場合《ばあい》を除《のぞ》いては、出席議員《しゅっせきぎいん》の過半数《かはんすう》でこれを決《けつ》し、可否同数《かひどうすう》のときは、議長《ぎちょう》の決《けつ》するところによる。

## 第57条

1　両議院は、会議の様子を誰でも見られるように公開します。出席した議員の三分の二以上の賛成があれば、公開しない秘密《ひみつ》の会議を開くこともできます。

2　両議院は、会議の内容を記録しておき、秘密の会議のなかでもとくに秘密にしなければいけない内容以外はみんなに知らせします。

3　出席した議員の五分の一以上の要求があったときは、どの議員が何の問題に賛成または反対したかを記録しなければいけません。

---

［第《だい》57条《じょう》］　会議《かいぎ》の公開《こうかい》と会議録《かいぎろく》

1両議院《りょうぎいん》の会議《かいぎ》は、公開《こうかい》とする。但《ただ》し、出席《しゅっせき》議員《ぎいん》の三分《さんぶん》の二以上《にいじょう》の多数《たすう》で議決《ぎけつ》したときは、秘密会《ひみつかい》を開《ひら》くことができる。

2両議院《りょうぎいん》は、各々《おのおの》その会議《かいぎ》の記録《きろく》を保存《ほぞん》し、秘密会《ひみつかい》の記録《きろく》の中《なか》で特《とく》に秘密《ひみつ》を要《よう》すると認《みと》められるもの以外《いがい》は、これを公表《こうひょう》し、且《か》つ一般《いっぱん》に頒布《はんぷ》しなければならない。

3出席《しゅっせき》議員《ぎいん》の五分《ごぶん》の一以上《いちいじょう》の要求《ようきゅう》があれば、各議員《かくぎいん》の表決《ひょうけつ》は、これを会議録《かいぎろく》に記載《きさい》しなければならない。

## 第58条

1　両議院は、議長やそのほかの役員を選びます。

2　両議院は、会議などをするときに必要な規則を作ります。もしルールをみだした議員がいたら、罰を与えることができます。議員を辞めさせるときは、出席した議員の三分の二以上の賛成が必要です。

---

［第《だい》58条《じょう》］　役員《やくいん》の選任《せんにん》及《およ》び議院《ぎいん》の自律権《じりつけん》

1両議院《りょうぎいん》は、各々《おのおの》その議長《ぎちょう》その他《た》の役員《やくいん》を選《せん》任《にん》する。

2両議院《りょうぎいん》は、各々《おのおの》その会議《かいぎ》その他《た》の手続《てつづき》及《およ》び内部《ないぶ》の規律《きりつ》に関《かん》する規則《きそく》を定《さだ》め、又《また》、院内《いんない》の秩序《ちつじょ》をみだした議員《ぎいん》を懲罰《ちょうばつ》することができる。但《ただ》し、議員《ぎいん》を除名《じょめい》するには、出席議《しゅっせきぎ》員《いん》の三分《さんぶん》の二《に》以上《いじょう》の多数《たすう》による議決《ぎけつ》を必要《ひつよう》とする。

## 第59条

1 新しく法律を作るときは、両議院の可決が必要です。

2 衆議院は賛成で参議院は反対のときは、もう一度、衆議院で多数決をとり、出席した議員の三分の二以上の賛成で法律が成立します。

3 両議院で意見が違うときは、衆議院は参議院に話し合いを求めることができます。

4 衆議院では賛成となったのに、参議院で六十日以上たっても結論が出ないときは、衆議院は「参議院では反対となった」と判断することができます。

---

［第《だい》59条《じょう》］ 法律《ほうりつ》の成立《せいりつ》

1法律案《ほうりつあん》は、この憲法《けんぽう》に特別《とくべつ》の定《さだめ》のある場合《ばあい》を除《のぞ》いては、両議院《りょうぎいん》で可決《かけつ》したとき法律《ほうりつ》となる。

2衆議院《しゅうぎいん》で可決《かけつ》し、参議院《さんぎいん》でこれと異《こと》なつた議決《ぎけつ》をした法律案《ほうりつあん》は、衆議院《しゅうぎいん》で出席議員《しゅっせきぎいん》の三分《さんぶん》の二《に》以上《いじょう》の多数《たすう》で再《ふたた》び可決《かけつ》したときは、法律《ほうりつ》となる。

3前項《ぜんこう》の規定《きてい》は、法律《ほうりつ》の定《さだ》めるところにより、衆議院《しゅうぎいん》が、両議院《りょうぎいん》の協議会《きょうぎかい》を開《ひら》くことを求《もと》めることを妨《さまた》げない。

4参議院《さんぎいん》が、衆議院《しゅうぎいん》の可決《かけつ》した法律案《ほうりつあん》を受《う》け取《と》つた後《のち》、国会休会中《こっかいきゅうかいちゅう》の期間《きかん》を除《のぞ》いて六十《ろくじゅう》日以内《にちいない》に、議決《ぎけつ》しないときは、衆議院《しゅうぎいん》は、参議院《さんぎいん》がその法律案《ほうりつあん》を否決《ひけつ》したものとみなすことができる。

## 第60条

1　国の予算案は、はじめに衆議院で話し合わなければいけません。

2　予算案について、衆議院と参議院で違う意見になったときは、両議院で話し合います。それでもまとまらないときや、衆議院で決まった予算に対して参議院が三十日たっても意見を出さないときは、衆議院で決まった予算となります。

---

［第《だい》60条《じょう》］　衆議院《しゅうぎいん》の予算先議権《よさんせんぎけん》及《およ》び予算《よさん》の議《ぎ》決《けつ》

1予算《よさん》は、さきに衆議院《しゅうぎいん》に提出《ていしゅつ》しなければならない。

2予算《よさん》について、参議院《さんぎいん》で衆議院《しゅうぎいん》と異《こと》なつた議決《ぎけつ》をした場合《ばあい》に、法律《ほうりつ》の定《さだ》めるところにより、両議院《りょうぎいん》の協議会《きょうぎかい》を開《ひら》いても意見《いけん》が一致《いっち》しないとき、又《また》は参議院《さんぎいん》が、衆議院《しゅうぎいん》の可決《かけつ》した予算《よさん》を受《う》け取《と》つた後《のち》、国会休会中《こっかいきゅうかいちゅう》の期間《きかん》を除《のぞ》いて三十日《さんじゅうにち》以内《いない》に、議決《ぎけつ》しないときは、衆議院《しゅうぎいん》の議決《ぎけつ》を国会《こっかい》の議決《ぎけつ》とする。

**第61条**

外国と条約を結ぶときに衆議院と参議院で意見が合わない場合は、第60条の第2項《こう》と同じルールにします。

---

〔第《だい》61条《じょう》〕　条約締結《じょうやくていけつ》の承認《しょうにん》
条約《じょうやく》の締結《ていけつ》に必要《ひつよう》な国会《こっかい》の承認《しょうにん》については、前条第二項《ぜんじょうだいにこう》の規定《きてい》を準用《じゅんよう》する。

**第62条**

両議院は、国の政治がどのように行われているか調査することができます。その場合、参考になりそうな人を呼び出して話を聞いたり、資料の提出を求めることができます。

---

［第《だい》62条《じょう》］ 議院《ぎいん》の国政調査権《こくせいちょうさけん》

両議院《りょうぎいん》は、各々《おのおの》国政《こくせい》に関《かん》する調査《ちょうさ》を行《おこな》ひ、これに関《かん》して、証人《しょうにん》の出頭《しゅっとう》及《およ》び証言《しょうげん》並《なら》びに記録《きろく》の提出《ていしゅつ》を要求《ようきゅう》することができる。

**第63条**

総理大臣やそのほかの大臣は、両議院どちらかの議員かどうかに関係なく、いつでも議会に出席して発言することができます。また、答えや説明を求められたときは、議会に出席しなければいけません。

---

【第《だい》63条《じょう》】 国務大臣《こくむだいじん》の出席《しゅっせき》

内閣総理大臣《ないかくそうりだいじん》その他《た》の国務大臣《こくむだいじん》は、両議院《りょうぎいん》の一《いち》に議席《ぎせき》を有《ゆう》すると有《ゆう》しないとにかかはらず、何時《いつ》でも議案《ぎあん》について発言《はつげん》するため議院《ぎいん》に出《しゅっ》席《せき》することができる。又《また》、答弁《とうべん》又《また》は説明《せつめい》のため出席《しゅっせき》を求《もと》められたときは、出席《しゅっせき》しなければならない。

## 第64条

1　国会は、辞めさせた方がよい裁判官を裁くための弾劾裁判所《だんがいさいばんしょ》を作ります。両議院の両方から選ばれた議員が、弾劾裁判所のメンバーになります。

2　弾劾のルールは法律で決めます。

---

［第《だい》64条《じょう》］弾劾裁判所《だんがいさいばんしょ》

1 国会《こっかい》は、罷免《ひめん》の訴追《そつい》を受《う》けた裁判官《さいばんかん》を裁判《さいばん》するため、両議院《りょうぎいん》の議員《ぎいん》で組織《そしき》する弾劾裁《だんがいさい》判所《ばんしょ》を設《もう》ける。

2 弾劾《だんがい》に関《かん》する事項《じこう》は、法律《ほうりつ》でこれを定《さだ》める。

## 第65条

国会で決まったことに従って、国の政治を行うのは内閣です。

---

〔第《だい》65条《じょう》〕行政権《ぎょうせいけん》の帰属《きぞく》
行政権《ぎょうせいけん》は、内閣《ないかく》に属《ぞく》する。

## 第66条

1　内閣のメンバーは、リーダーである総理大臣とそのほかの大臣です。

2　現役の自衛隊員は、内閣のメンバーにはなれません。

3　内閣が仕事をするときは、内閣のメンバー全員が国会に対して責任を持ちます。

---

〔第《だい》66条《じょう》〕内閣《ないかく》の組織《そしき》と責任《せきにん》

1内閣《ないかく》は、法律《ほうりつ》の定《さだ》めるところにより、その首長《しゅちょう》たる内閣総理大臣《ないかくそうりだいじん》及《およ》びその他《た》の国務大臣《こくむだいじん》でこれを組織《そしき》する。

2内閣総理大臣《ないかくそうりだいじん》その他《た》の国務大臣《こくむだいじん》は、文民《ぶんみん》でなければならない。

3内閣《ないかく》は、行政権《ぎょうせいけん》の行使《こうし》について、国会《こっかい》に対《たい》し連帯《れんたい》して責任《せきにん》を負《お》ふ。

## 第67条

1　総理大臣は、国会議員のなかから国会で選びます。総理大臣を決めることはとても重要で、何よりも優先《ゆうせん》して決めます。

2　誰を総理大臣にするか衆議院と参議院の意見が合わないときは、両議院で話し合って決めます。それでも意見が合わないときや、十日以内に参議院の意見がまとまらないときは、衆議院が選んだ人が総理大臣になります。

---

〔第《だい》67条《じょう》〕　内閣総理大臣《ないかくそうりだいじん》の指名《しめい》

1 内閣総理大臣《ないかくそうりだいじん》は、国会議員《こっかいぎいん》の中《なか》から国会《こっかい》の議決《ぎけつ》で、これを指名《しめい》する。この指名《しめい》は、他《た》のすべての案件《あんけん》に先《さき》だつて、これを行《おこな》ふ。

2 衆議院《しゅうぎいん》と参議院《さんぎいん》とが異《こと》なつた指名《しめい》の議決《ぎけつ》をした場合《ばあい》に、法律《ほうりつ》の定《さだ》めるところにより、両議院《りょうぎいん》の協議会《きょうぎかい》を開《ひら》いても意見《いけん》が一致《いっち》しないとき、又《また》は衆議院《しゅうぎいん》が指名《しめい》の議決《ぎけつ》をした後《のち》、国会休会中《こっかいきゅうかいちゅう》の期間《きかん》を除《のぞ》いて十日以内《とおかいない》に、参《さん》議院《ぎいん》が、指名《しめい》の議決《ぎけつ》をしないときは、衆議《しゅうぎ》院《いん》の議決《ぎけつ》を国会《こっかい》の議決《ぎけつ》とする。

## 第68条

1 総理大臣は、誰を大臣にするか決めることができます。国会議員以外の人も大臣にできますが、半分より多くは国会議員のなかから選ばなければいけません。

2 総理大臣は、大臣を辞めさせたいと思ったら自由に辞めさせることができます。

---

［第《だい》68条《じょう》］ 国務大臣《こくむだいじん》の任免《にんめん》

1内閣総理大臣《ないかくそうりだいじん》は、国務大臣《こくむだいじん》を任命《にんめい》する。但《ただ》し、その過半数《かはんすう》は、国会議員《こっかいぎいん》の中《なか》から選《えら》ばれなければならない。

2内閣総理大臣《ないかくそうりだいじん》は、任意《にんい》に国務大臣《こくむだいじん》を罷免《ひめん》することができる。

**第69条**

内閣は、衆議院から「この内閣には、任せられない」と言われたら、十日以内に衆議院を解散して選挙で議員を選び直すか、総理大臣を含むすべての大臣が辞めなければいけません（総辞職《そうじしょく》）。

---

〔第《だい》69条《じょう》〕不信任決議《ふしんにんけつぎ》と解散《かいさん》又《また》は総辞職《そうじしょく》
内閣《ないかく》は、衆議院《しゅうぎいん》で不信任《ふしんにん》の決議案《けつぎあん》を可決《かけつ》し、又《また》は信任《しんにん》の決議案《けつぎあん》を否決《ひけつ》したときは、十日《とおか》以内《いない》に衆議院《しゅうぎいん》が解散《かいさん》されない限《かぎ》り、総辞職《そうじしょく》をしなければならない。

## 第70条

総理大臣がいなくなったときや、衆議院選挙のあとはじめて国会を開くときは、内閣は総辞職しなければいけません。

---

〔第《だい》70条《じょう》〕 内閣総理大臣《ないかくそうりだいじん》の欠缺《けんけつ》又《また》は総選挙施《そうせんきょし》行《こう》による総辞職《そうじしょく》

内閣総理大臣《ないかくそうりだいじん》が欠《か》けたとき、又《また》は衆議院議員《しゅうぎいんぎいん》総選挙《そうせんきょ》の後《のち》に初《はじ》めて国会《こっかい》の召集《しょうしゅう》があつたときは、内閣《ないかく》は、総辞職《そうじしょく》をしなければならない。

## 第71条

第69条や70条のように内閣が総辞職したときは、新しい総理大臣が決まるまでの間、総辞職した内閣が仕事を続けます。

---

〔第《だい》71条《じょう》〕 総辞職後《そうじしょくご》の職務続行《しょくむぞっこう》
前二条《ぜんにじょう》の場合《ばあい》には、内閣《ないかく》は、あらたに内閣総理大臣《ないかくそうりだいじん》が任命《にんめい》されるまで引《ひ》き続《つづ》きその職務《しょくむ》を行《おこな》ふ。

## 第72条

総理大臣は、内閣を代表して次のような仕事をします。国会で話し合ってもらう法案や予算案を提出します。国の政治状況や、海外との交流がどうなっているか国会に報告します。○○省《しょう》などの取りまとめをします。

---

［第《だい》72条《じょう》］内閣総理大臣《ないかくそうりだいじん》の職務権限《しょくむけんげん》
内閣総理大臣《ないかくそうりだいじん》は、内閣《ないかく》を代表《だいひょう》して議案《ぎあん》を国会《こっかい》に提出《ていしゅつ》し、一般国務《いっぱんこくむ》及《およ》び外交関係《がいこうかんけい》について国《こっ》会《かい》に報告《ほうこく》し、並《なら》びに行政各部《ぎょうせいかくぶ》を指揮監督《しきかんとく》する。

## 第73条

内閣は、次のような仕事をします。

一　法律をしっかり実行し、国の仕事を取りまとめます。

二　外国との交際や交渉をします。

三　外国と条約を結びます。条約を結ぶ前、やむをえない場合は結んだあとに国会で許可をもらいます。

四　法律で決められたルールに従って、役人たちの仕事を管理します。

五　国の予算をどうするか国会に提案します。

六　この憲法や法律を実行するため、さらに細かいルール（政令）を作ります。ただし法律で決められた場合以外に罰を作ることはできません。

七　罪を犯した人の罰を軽くしたり、なくしたりします。

---

〔第《だい》73条《じょう》〕　内閣《ないかく》の職務《しょくむ》権限《けんげん》

内閣《ないかく》は、他《た》の一般《いっぱん》行政《ぎょうせい》事務《じむ》の外《ほか》、左《さ》の事務《じむ》を行《おこな》ふ。

一　法律《ほうりつ》を誠実《せいじつ》に執行《しっこう》し、国務《こくむ》を総理《そうり》すること。

二　外交《がいこう》関係《かんけい》を処理《しょり》すること。

三　条約《じょうやく》を締結《ていけつ》すること。但《ただ》し、事前《じぜん》に、時宜《じぎ》によつては事後《じご》に、国会《こっかい》の承認《しょうにん》を経《へ》ることを必要《ひつよう》とする。

四　法律《ほうりつ》の定《さだ》める基準《きじゅん》に従《したが》ひ、官吏《かんり》に関《かん》する事務《じむ》を掌理《しょうり》すること。

五　予算《よさん》を作成《さくせい》して国会《こっかい》に提出《ていしゅつ》すること。

六　この憲法《けんぽう》及《およ》び法律《ほうりつ》の規定《きてい》を実施《じっし》するために、政令《せいれい》を制定《せいてい》すること。但《ただ》し、政令《せいれい》には、特《とく》にその法律《ほうりつ》の委任《いにん》がある場合《ばあい》を除《のぞ》いては、罰則《ばっそく》を設《もう》けることができない。

七　大赦《たいしゃ》、特赦《とくしゃ》、減刑《げんけい》、刑《けい》の執行《しっこう》の免除《めんじょ》及《およ》び復権《ふっけん》を決定《けってい》すること。

## 第74条

法律や政令には、それを担当した大臣と総理大臣がサインをします。

---

〔第《だい》74条《じょう》〕 法律《ほうりつ》及《およ》び政令《せいれい》への署名《しょめい》と連署《れんしょ》

法律《ほうりつ》及《およ》び政令《せいれい》には、すべて主任《しゅにん》の国務大臣《こくむだいじん》が署名《しょめい》し、内閣総理大臣《ないかくそうりだいじん》が連署《れんしょ》することを必要《ひつよう》とする。

**第75条**

大臣が罪を犯した疑いがあるときは、総理大臣が認めなければ裁判にかけることはできません。大臣を辞めたあとは裁判にかけることができます。

---

〔第《だい》75条《じょう》〕国務大臣訴追《こくむだいじんそつい》の制約《せいやく》
国務大臣《こくむだいじん》は、その在任中《ざいにんちゅう》、内閣総理大臣《ないかくそうりだいじん》の同意《どうい》がなければ、訴追《そつい》されない。但《ただ》し、これがため、訴追《そつい》の権利《けんり》は、害《がい》されない。

## 第76条

1 最高裁判所やそのほかの裁判所だけが、憲法や法律にもとづいて争いごとを裁くことができます。

2 特別な裁判所を作ることはできません。裁判所以外では、争いごとについて最終判断をくだすことはできません。

3 裁判官は、誰の意見にも圧力にも影響されず自分の良心で判断します。裁判官が従うのは、この憲法と法律だけです。

---

〔第《だい》76条《じょう》〕 司法権《しほうけん》の機関《きかん》と裁判官《さいばんかん》の職務上《しょくむじょう》の独立《どくりつ》

1すべて司法権《しほうけん》は、最高裁判所《さいこうさいばんしょ》及《およ》び法律《ほうりつ》の定《さだ》めるところにより設置《せっち》する下級裁判所《かきゅうさいばんしょ》に属《ぞく》する。

2特別裁判所《とくべつさいばんしょ》は、これを設置《せっち》することができない。行政機関《ぎょうせいきかん》は、終審《しゅうしん》として裁判《さいばん》を行《おこな》ふことができない。

3すべて裁判官《さいばんかん》は、その良心《りょうしん》に従《したが》ひ独立《どくりつ》してその職権《しょっけん》を行《おこな》ひ、この憲法《けんぽう》及《およ》び法律《ほうりつ》にのみ拘束《こうそく》される。

## 第77条

1 最高裁判所は、裁判の進め方や、弁護士や裁判所の仕事の仕方などのルールを作ることができます。

2 罪を犯した疑いのある人を裁判にかける検察官も、最高裁判所のルールに従わなければいけません。

3 最高裁判所は、ほかの裁判所に関するルールを決めることも、その裁判所に決めさせることもできます。

---

［第《だい》77条《じょう》］ 最高裁判所《さいこうさいばんしょ》の規則制定権《きそくせいていけん》

1最高裁判所《さいこうさいばんしょ》は、訴訟《そしょう》に関《かん》する手続《てつづき》、弁護士《べんごし》、裁判所《さいばんしょ》の内部規律《ないぶきりつ》及《およ》び司法事務処理《しほうじむしより》に関《かん》する事項《じこう》について、規則《きそく》を定《さだ》める権限《けんげん》を有《ゆう》する。

2検察官《けんさつかん》は、最高裁判所《さいこうさいばんしょ》の定《さだ》める規則《きそく》に従《したが》はなければならない。

3最高裁判所《さいこうさいばんしょ》は、下級裁判所《かきゅうさいばんしょ》に関《かん》する規則《きそく》を定《さだ》める権限《けんげん》を、下級裁判所《かきゅうさいばんしょ》に委任《いにん》することができる。

**第78条**

裁判官は、心や体の病気で仕事ができなくなったときと弾劾裁判にかけられたとき以外では、辞めさせられることはありません。

---

【第《だい》78条《じょう》】 裁判官《さいばんかん》の身分《みぶん》の保障《ほしょう》
裁判官《さいばんかん》は、裁判《さいばん》により、心身《しんしん》の故障《こしょう》のために職務《しょくむ》を執《と》ることができないと決定《けってい》された場合《ばあい》を除《のぞ》いては、公《おおやけ》の弾劾《だんがい》によらなければ罷免《ひめん》されない。裁判官《さいばんかん》の懲戒処分《ちょうかいしょぶん》は、行政機関《ぎょうせいきかん》がこれを行《おこな》ふことはできない。

## 第79条

1　長官以外の最高裁判所の裁判官は、内閣が任命します。人数は法律で決めます。

2　最高裁判所の裁判官は、任命されてはじめての衆議院の選挙のときに国民審査を受けます。さらに十年後以降にまた国民審査を受けます。

3　投票者の多くが裁判官にふさわしくないと判断した裁判官は、辞めさせられます。

4　国民審査に関することは、法律で決めます。

5　最高裁判所の裁判官は、法律で決めた年齢で定年退職します。

6　最高裁判所の裁判官の給料は、定期的に支払われ、任期中に金額を減らされることはありません。

---

〔第《だい》79条《じょう》〕　最高裁判所《さいこうさいばんしょ》の構成《こうせい》及《およ》び裁判官任命《さいばんかんにんめい》の国民審査《こくみんしんさ》

1最高裁判所《さいこうさいばんしょ》は、その長《ちょう》たる裁判官及《さいばんかんおよ》び法律《ほうりつ》の定《さだ》める員数《いんずう》のその他《た》の裁判官《さいばんかん》でこれを構《こう》成《せい》し、その長《ちょう》たる裁判官《さいばんかん》以外《いがい》の裁判官《さいばんかん》は、内閣《ないかく》でこれを任命《にんめい》する。

2最高裁判所《さいこうさいばんしょ》の裁判官《さいばんかん》の任命《にんめい》は、その任命《にんめい》後《ご》初《はじ》めて行《おこな》はれる衆《しゅう》議院《ぎいん》議員《ぎいん》総選挙《そうせんきょ》の際《さい》国民《こくみん》の審査《しんさ》に付《ふ》し、その後十年《ごじゅうねん》を経過《けいか》した後《のち》初《はじ》めて行《おこな》はれる衆《しゅう》議院《ぎいん》議員《ぎいん》総選挙《そうせんきょ》の際《さい》更《さら》に審《しん》査《さ》に付《ふ》し、その後《ご》も同様《どうよう》とする。

3前項《ぜんこう》の場合《ばあい》において、投票者《とうひょうしゃ》の多数《たすう》が裁判《さいばん》官《かん》の罷免《ひめん》を可《か》とするときは、その裁判官《さいばんかん》は、罷免《ひめん》される。

4審査《しんさ》に関《かん》する事項《じこう》は、法律《ほうりつ》でこれを定《さだ》める。

5最高裁判所《さいこうさいばんしょ》の裁判官《さいばんかん》は、法律《ほうりつ》の定《さだ》める年齢《ねんれい》に達《たっ》した時《とき》に退官《たいかん》する。

6最高裁判所《さいこうさいばんしょ》の裁判官《さいばんかん》は、すべて定期《ていき》に相当《そうとう》額《がく》の報酬《ほうしゅう》を受《う》ける。この報酬《ほうしゅう》は、在任中《ざいにんちゅう》、これを減額《げんがく》することができない。

## 第80条

1 そのほかの裁判所の裁判官は、最高裁判所が作った名簿により内閣が任命します。裁判官の任期は十年で、続けて任命されることもあります。法律で決めた年齢になったら、定年退職します。

2 裁判所の裁判官の給料は、定期的に支払われます。任期中に金額を減らされることはありません。

---

［第《だい》80条《じょう》］ 下級裁判所《かきゅうさいばんしょ》の裁判官《さいばんかん》

1 下級裁判所《かきゅうさいばんしょ》の裁判官《さいばんかん》は、最高裁判所《さいこうさいばんしょ》の指名《しめい》した者《もの》の名簿《めいぼ》によつて、内閣《ないかく》でこれを任命《にんめい》する。その裁判官《さいばんかん》は、任期《にんき》を十年《じゅうねん》とし、再《さい》任《にん》されることができる。但《ただ》し、法律《ほうりつ》の定《さだ》める年齢《ねんれい》に達《たっ》した時《とき》には退官《たいかん》する。

2 下級裁判所《かきゅうさいばんしょ》の裁判官《さいばんかん》は、すべて定期《ていき》に相当《そうとう》額《がく》の報酬《ほうしゅう》を受《う》ける。この報酬《ほうしゅう》は、在任中《ざいにんちゅう》、これを減額《げんがく》することができない。

**第81条**

法律や命令、規則や処分が憲法に合っているかどうかを決める裁判所のなかで、最高裁判所は最終的に判断をくだす裁判所です。

---

〔第《だい》81条《じょう》〕 最高裁判所《さいこうさいばんしょ》の法令審査権《ほうれいしんさけん》
最高裁判所《さいこうさいばんしょ》は、一切《いっさい》の法律《ほうりつ》、命令《めいれい》、規則《きそく》又《また》は処分《しょぶん》が憲法《けんぽう》に適合《てきごう》するかしないかを決定《けってい》する権限《けんげん》を有《ゆう》する終審裁判所《しゅうしんさいばんしょ》である。

## 第82条

1　裁判が行われたり、判決が言い渡される様子は、誰でも傍聴できます。

2　その事件を担当するすべての裁判官が「公開するには問題がある」としたときは、判決の言い渡し以外は非公開にできます。ただし政治や出版に関する犯罪、第3章で保障している国民の権利が問題となっている事件は、つねに公開しなければいけません。

---

〔第《だい》82条《じょう》〕　対審及《たいしんおよ》び判決《はんけつ》の公開《こうかい》

1 裁判《さいばん》の対審及《たいしんおよ》び判決《はんけつ》は、公開法廷《こうかいほうてい》でこれを行《おこな》ふ。

2 裁判所《さいばんしょ》が、裁判官《さいばんかん》の全員一致《ぜんいんいっち》で、公《おおやけ》の秩序《ちつじょ》又《また》は善良《ぜんりょう》の風俗《ふうぞく》を害《がい》する虞《おそれ》があると決《けっ》した場合《ばあい》には、対審《たいしん》は、公開《こうかい》しないでこれを行《おこな》ふことができる。但《ただ》し、政治犯罪《せいじはんざい》、出版《しゅっぱん》に関《かん》する犯罪又《はんざいまた》はこの憲法第三章《けんぽうだいさんしょう》で保障《ほしょう》する国民《こくみん》の権利《けんり》が問題《もんだい》となつてゐる事件《じけん》の対審《たいしん》は、常《つね》にこれを公開《こうかい》しなければならない。

第83条

国が必要なお金をどう集めどう管理してどう使うかは、国会が決めます。

---

〔第《だい》83条《じょう》〕財政処理《ざいせいしょり》の要件《ようけん》
国《くに》の財政《ざいせい》を処理《しょり》する権限《けんげん》は、国会《こっかい》の議決《ぎけつ》に基《もと》づいて、これを行使《こうし》しなければならない。

**第84条**

新しく税金を取りたてたり、いまの税金のルールを変えるときは、法律に従います。

---

〔第《だい》84条《じょう》〕課税《かぜい》の要件《ようけん》
あらたに租税《そぜい》を課《か》し、又《また》は現行《げんこう》の租税《そぜい》を変更《へんこう》するには、法律又《ほうりつまた》は法律《ほうりつ》の定《さだ》める条件《じょうけん》によることを必要《ひつよう》とする。

## 第85条

国がお金を使ったり、国が借金をするときは、国会で話し合って決めなければいけません。

---

〔第《だい》85条《じょう》〕　国費《こくひ》支出《ししゅつ》及《およ》び債務《さいむ》負担《ふたん》の要件《ようけん》
国費《こくひ》を支出《ししゅつ》し、又《また》は国《くに》が債務《さいむ》を負担《ふたん》するには、国会《こっかい》の議決《ぎけつ》に基《もと》づくことを必要《ひつよう》とする。

**第86条**

内閣は毎年、その年の国の予算をどう使うか計画し、国会に提出して決めてもらいます。

---

［第《だい》86条《じょう》］予算《よさん》の作成《さくせい》
内閣《ないかく》は、毎会計年度《まいかいけいねんど》の予算《よさん》を作成《さくせい》し、国会《こっかい》に提出《ていしゅつ》して、その審議《しんぎ》を受《う》け議決《ぎけつ》を経《へ》なければならない。

## 第87条

1　予想していなかった支出が必要なときのために予備費《よびひ》を設けます。予備費は、内閣の責任で使うことができます。

2　予備費を使ったあとには、内閣は国会に報告をして了承を得なければいけません。

---

［第《だい》87条《じょう》］　予備費《よびひ》

1予見《よけん》し難《がた》い予算《よさん》の不足《ふそく》に充《あ》てるため、国会《こっかい》の議決《ぎけつ》に基《もと》いて予備費《よびひ》を設《もう》け、内閣《ないかく》の責任《せきにん》でこれを支出《ししゅつ》することができる。

2すべて予備費《よびひ》の支出《ししゅつ》については、内閣《ないかく》は、事後《じご》に国会《こっかい》の承諾《しょうだく》を得《え》なければならない。

## 第88条

皇室の財産はすべて国のものです。皇室が使うすべてのお金は、国の予算に含まれ国会の許可が必要になります。

---

［第《だい》88条《じょう》］　皇室財産《こうしつざいさん》及《およ》び皇室費用《こうしつひよう》
すべて皇室財産《こうしつざいさん》は、国《くに》に属《ぞく》する。すべて皇室《こうしつ》の費用《ひよう》は、予算《よさん》に計上《けいじょう》して国会《こっかい》の議決《ぎけつ》を経《へ》なければならない。

**第89条**

国などのお金や財産を、宗教団体、国の支配下にない福祉《ふくし》施設《しせつ》、教育施設、ボランティア団体などに提供したり利用させてはいけません。

---

〔第《だい》89条《じょう》〕 公《おおやけ》の財産《ざいさん》の用途《ようと》制限《せいげん》

公金《こうきん》その他《た》の公《おおやけ》の財産《ざいさん》は、宗教上《しゅうきょうじょう》の組織《そしき》若《も》しくは団体《だんたい》の使用《しよう》、便益《べんえき》若《も》しくは維持《いじ》のため、又《また》は公《おおやけ》の支配《しはい》に属《ぞく》しない慈善《じぜん》、教育《きょういく》若《も》しくは博愛《はくあい》の事業《じぎょう》に対《たい》し、これを支出《ししゅつ》し、又《また》はその利用《りよう》に供《きょう》してはならない。

## 第90条

1　国のお金が有効にムダなく使われているかどうかは毎年、会計検査院《けんさいん》という機関が検査します。内閣は次の年度に、会計検査院が作成した報告書と一緒に決算報告を国会へ提出しなければいけません。

2　会計検査院の細かいことについては法律で決めます。

---

〔第《だい》90条《じょう》〕　会計検査《かいけいけんさ》

1国《くに》の収入支出《しゅうにゅうししゅつ》の決算《けっさん》は、すべて毎年会計検《まいとしかいけいけん》査院《さいん》がこれを検査《けんさ》し、内閣《ないかく》は、次《つぎ》の年度《ねんど》に、その検査報告《けんさほうこく》とともに、これを国会《こっかい》に提出《ていしゅつ》しなければならない。

2会計検査院《かいけいけんさいん》の組織及《そしきおよ》び権限《けんげん》は、法律《ほうりつ》でこれを定《さだ》める。

**第91条**

内閣は少なくとも年に一回は、国のお金がどう使われているか、国会と国民に報告しなければいけません。

---

［第《だい》91条《じょう》］財政状況《ざいせいじょうきょう》の報告《ほうこく》

内閣《ないかく》は、国会及《こっかいおよ》び国民《こくみん》に対《たい》し、定期《ていき》に、少《すく》くとも毎年一回《まいとしいっかい》、国《くに》の財政状況《ざいせいじょうきょう》について報告《ほうこく》しなければならない。

**第92条**

地方自治体（都道府県、市区町村）のことは、それぞれの地域の住民で運営できるように法律で決めます。

---

〔第《だい》92条《じょう》〕 地方自治《ちほうじち》の本旨《ほんし》の確保《かくほ》

地方公共団体《ちほうこうきょうだんたい》の組織《そしき》及《およ》び運営《うんえい》に関《かん》する事項《じこう》は、地方自治《ちほうじち》の本旨《ほんし》に基《もと》づいて、法律《ほうりつ》でこれを定《さだ》める。

## 第93条

1　地方自治体は、法律で決められた通りその地域のことを話し合う議会を作ります。

2　地方自治体のリーダー（都道府県知事、市区町村長など）、議員、そのほかの役職につく人は、その地域に住んでいる住民が選挙で決めます。

---

〔第《だい》93条《じょう》〕　地方公共団体《ちほうこうきょうだんたい》の機関《きかん》

1地方公共団体《ちほうこうきょうだんたい》には、法律《ほうりつ》の定《さだ》めるところにより、その議事機関《ぎじきかん》として議会《ぎかい》を設置《せっち》する。

2地方公共団体《ちほうこうきょうだんたい》の長《ちょう》、その議会《ぎかい》の議員《ぎいん》及《およ》び法《ほう》律《りつ》の定《さだ》めるその他《た》の吏員《りいん》は、その地方公共《ちほうこうきょう》団体《だんたい》の住民《じゅうみん》が、直接《ちょくせつ》これを選挙《せんきょ》する。

## 第94条

地方自治体は、財産の管理や役所の事務的な仕事をし、その地域のための政治を行うことができます。法律に反しない限り、条例という地域のルールをつくることができます。

---

〔第《だい》94条《じょう》〕 地方公共団体《ちほうこうきょうだんたい》の権能《けんのう》
地方公共団体《ちほうこうきょうだんたい》は、その財産《ざいさん》を管理《かんり》し、事務《じむ》を処理《しょり》し、及《およ》び行政《ぎょうせい》を執行《しっこう》する権能《けんのう》を有《ゆう》し、法律《ほうりつ》の範囲内《はんいない》で条例《じょうれい》を制定《せいてい》することができる。

**第95条**

国が特定の地方自治体だけに当てはまる特別な法律を作るときは、その地域の住民による投票をして、半分より多くの賛成が必要です。

---

〔第《だい》95条《じょう》〕　一《いち》の地方公共団体《ちほうこうきょうだんたい》のみに適用《てきよう》される特別法《とくべつほう》

一《いち》の地方公共団体《ちほうこうきょうだんたい》のみに適用《てきよう》される特別法《とくべつほう》は、法律《ほうりつ》の定《さだ》めるところにより、その地方公共団体《ちほうこうきょうだんたい》の住民《じゅうみん》の投票《とうひょう》においてその過半数《かはんすう》の同意《どうい》を得《え》なければ、国会《こっかい》は、これを制定《せいてい》することができない。

## 第96条

1　この憲法を書きかえるときは、まず衆議院と参議院それぞれの議員の三分の二以上の賛成が必要です。つぎに国民に認めてもらわなくてはいけません。それには、国民投票をして半分より多くの賛成が必要です。

2　憲法の改正が承認されたら、天皇はすぐに国民にこれを知らせます。

---

〔第《だい》96条《じょう》〕　憲法改正《けんぽうかいせい》の発議《はつぎ》、国民投票及《こくみんとうひょうおよ》び公《こう》布《ふ》

1この憲法《けんぽう》の改正《かいせい》は、各議院《かくぎいん》の総議員《そうぎいん》の三分《さんぶん》の二以上《にいじょう》の賛成《さんせい》で、国会《こっかい》が、これを発議《はつぎ》し、国民《こくみん》に提案《ていあん》してその承認《しょうにん》を経《へ》なければならない。この承認《しょうにん》には、特別《とくべつ》の国民投票《こくみんとうひょう》又《また》は国会《こっかい》の定《さだ》める選挙《せんきょ》の際《さい》行《おこな》はれる投票《とうひょう》において、その過半数《かはんすう》の賛成《さんせい》を必要《ひつよう》とする。

2憲法改正《けんぽうかいせい》について前項《ぜんこう》の承認《しょうにん》を経《へ》たときは、天皇《てんのう》は、国民《こくみん》の名《な》で、この憲法《けんぽう》と一体《いったい》を成《な》すものとして、直《ただ》ちにこれを公布《こうふ》する。

## 第97条

この憲法が日本の国民に保障している基本的人権は、世界中の人々が、長い間ずっと自由を求めて戦い、勝ちとってきた努力の成果です。この権利は、いままでくり返しさまざまな苦しみにあい続け、耐《た》えぬいてきました。基本的人権は、いまの国民にも、これから生まれてくる未来の国民にもおかすことのできない永久の権利として受けつがれるのです。

---

〔第《だい》97条《じょう》〕 基本的人権《きほんてきじんけん》の由来特質《ゆらいとくしつ》
この憲法《けんぽう》が日本国民《にほんこくみん》に保障《ほしょう》する基本的人権《きほんてきじんけん》は、人類《じんるい》の多年《たねん》にわたる自由獲得《じゆうかくとく》の努力《どりょく》の成果《せいか》であつて、これらの権利《けんり》は、過去幾多《かこいくた》の試錬《しれん》に堪《た》へ、現在及《げんざいおよ》び将来《しょうらい》の国民《こくみん》に対《たい》し、侵《おか》すことのできない永久《えいきゅう》の権利《けんり》として信託《しんたく》されたものである。

## 第98条

1　この憲法は、日本でもっとも強い決まりです。この憲法に反していたら、どんな法律や命令、天皇の言葉、そのほかあらゆる国や地方自治体のルールや行動もいっさい効き《き》目がありません。

2　日本が外国と結んだ条約や国際的なルールは、しっかり守らなければいけません。

---

〔第《だい》98条《じょう》〕　憲法《けんぽう》の最高性《さいこうせい》と条約及《じょうやくおよ》び国際法規《こくさいほうき》の遵守《じゅんしゅ》

1この憲法《けんぽう》は、国《くに》の最高法規《さいこうほうき》であつて、その条規《じょうき》に反《はん》する法律《ほうりつ》、命令《めいれい》、詔勅及《しょうちょくおよ》び国務《こくむ》に関《かん》するその他《た》の行為《こうい》の全部又《ぜんぶまた》は一部《いちぶ》は、その効力《こうりょく》を有《ゆう》しない。

2日本国《にほんこく》が締結《ていけつ》した条約及《じょうやくおよ》び確立《かくりつ》された国際法規《こくさいほうき》は、これを誠実《せいじつ》に遵守《じゅんしゅ》することを必要《ひつよう》とする。

**第99条**

天皇や摂政、大臣、国会議員、裁判官その他の公務員は、この憲法を大切にして守り続ける義務があります。

---

〔第《だい》99条《じょう》〕　憲法尊重擁護《けんぽうそんちょうようご》の義務《ぎむ》

天皇《てんのう》又《また》は摂政《せっしょう》及《およ》び国務大臣《こくむだいじん》、国会議員《こっかいぎいん》、裁判官《さいばんかん》その他《た》の公務員《こうむいん》は、この憲法《けんぽう》を尊重《そんちょう》し擁護《ようご》する義務《ぎむ》を負《お》ふ。

## 第100条

1 この憲法は、内容をお知らせした日から数えて六ヶ月が過ぎた日から施行します。

2 この憲法を施行するために、必要な法律を作る、参議院議員を決める選挙をする、国会を開く手続きをするなどの準備は、この憲法を施行する前にできます。

## 第101条

この憲法を施行するときにまだ参議院ができていない場合は、参議院ができるまでの間、衆議院だけで国会の活動をします。

---

〔第《だい》100条《じょう》〕 施行期日《しこうきじつ》と施行前《しこうまえ》の準備行為《じゅんびこうい》

1この憲法《けんぽう》は、公布《こうふ》の日《ひ》から起算《きさん》して六箇月《ろっかげつ》を経過《けいか》した日《ひ》〔昭二二《しょうにに》・五《ご》・三《さん》〕から、これを施《し》行《こう》する。

2この憲法《けんぽう》を施行《しこう》するために必要《ひつよう》な法律《ほうりつ》の制《せい》定《てい》、参議院議員《さんぎいんぎいん》の選挙及《せんきょおよ》び国会召集《こっかいしょうしゅう》の手続並《てつづきなら》びにこの憲法《けんぽう》を施行《しこう》するために必要《ひつよう》な準備手続《じゅんびてつづき》は、前項《ぜんこう》の期日《きじつ》よりも前《まえ》に、これを行《おこな》ふことができる。

〔第《だい》101条《じょう》〕 参議院成立前《さんぎいんせいりつまえ》の国会《こっかい》

この憲法施行《けんぽうしこう》の際《さい》、参議院《さんぎいん》がまだ成立《せいりつ》してゐないときは、その成立《せいりつ》するまでの間《あいだ》、衆議院《しゅうぎいん》は、国会《こっかい》としての権限《けんげん》を行《おこな》ふ。

## 第102条

この憲法が施行されてから最初の選挙で当選した参議院議員のうち、半分は任期を三年とします。誰を任期が三年の議員にするかは、法律で決められた通りにします。

## 第103条

いままで大臣や衆議院議員、裁判官やそのほかの公務員の地位に付いていた人で、この憲法でも同じ地位が認められている人は、とくに法律で決められている場合を除いて、いまの地位を失うことはありません。この憲法によって、後任者《こうにんしゃ》が選挙で選ばれたり任命されたときは、その地位が失われます。

---

〔第《だい》102条《じょう》〕　参議院議員《さんぎいんぎいん》の任期《にんき》の経過的特例《けいかてきとくれい》
この憲法《けんぽう》による第一期《だいいっき》の参議院議員《さんぎいんぎいん》のうち、その半数《はんすう》の者《もの》の任期《にんき》は、これを三年《さんねん》とする。その議員《ぎいん》は、法律《ほうりつ》の定《さだ》めるところにより、これを定《さだ》める。

〔第《だい》103条《じょう》〕　公務員《こうむいん》の地位《ちい》に関《かん》する経過規定《けいかきてい》
この憲法施行《けんぽうしこう》の際現《さいげん》に在職《ざいしょく》する国務大臣《こくむだいじん》、衆《しゅう》議院議員及《ぎいんぎいんおよ》び裁判官並《さいばんかんなら》びにその他《た》の公務員《こうむいん》で、その地位《ちい》に相応《そうおう》する地位《ちい》がこの憲法《けんぽう》で認《みと》められてゐる者《もの》は、法律《ほうりつ》で特別《とくべつ》の定《さだめ》をした場合《ばあい》を除《のぞ》いては、この憲法施行《けんぽうしこう》のため、当然《とうぜん》にはその地位《ちい》を失《うしな》ふことはない。但《ただ》し、この憲法《けんぽう》によつて、後任者《こうにんしゃ》が選挙又《せんきょまた》は任命《にんめい》されたときは、当然《とうぜん》その地位《ちい》を失《うしな》ふ。

# 憲法ドリル

漢字練習とドリルで憲法のポイントをおさえましょう。漢字練習では、原文で使われている言葉の意味を知り、日常生活ではどのような使われ方をするか確認をします。ドリルでは、憲法に何が書かれていたかを確認します。

天皇

［てんのう］
日本の国と国民全体の象徴
その地位にある個人

●書いてみましょう
天皇

●読みがなを書きましょう
フランス大統領と天皇（　　）が会見しました。

日本

［にほん　にっぽん］
日本国
東アジアに位置する島国

●書いてみましょう
日本

●読みがなを書きましょう
わたしは日本（　　）で生まれました。

## 1 あてはまる言葉を下から選んで書きましょう

国の政治のあり方を最終的に決める力を持っているのは（　　　　）です。

天皇　総理大臣
国会議員　国民
警察官　裁判官

## 2 あてはまる答えを〇で囲みましょう

① 憲法では、天皇は国と国民全体の｛神／象徴／代表者｝とされています。

② 天皇の位は｛選挙で選ばれた人が／総理大臣が／天皇の子どもなどが｝引きつぎます。

国民が国を治める力を持つことを国民主権と言います。戦前の大日本帝国憲法では、天皇主権で国民は天皇の家来とされていました。

# 行為

［こうい］
意思にもとづく動作
なされた事柄

●書いてみましょう
行為

●読みがなを書きましょう
困っている人を助けるのは、親切な（　）**行為**です。

# 摂政

［せっしょう］
天皇に代わりに任務を行う職
天皇の名で国事行為を行う人

●書いてみましょう
摂政

●読みがなを書きましょう
平安時代は藤原氏が（　）**摂政**として政治を動かした。

**1　あてはまる言葉を下から選んで書きましょう**

天皇が国のために仕事をするときは、（　　　　）の意見に従います。

内閣　神　国民
総理大臣　皇室

**2　天皇ができることに○、できないことに×をしましょう**

①（　　）国のための儀式的な仕事（国事行為）を行う。
②（　　）国のための政治を行う。
③（　　）国民のために法律を作る。

**3　あてはまる答えを◯で囲みましょう**

推古天皇の摂政をしたのは｛小野妹子／聖徳太子／蘇我入鹿｝です。

天皇の位は子孫に受けつがれます（世襲）。憲法には性別の指定は書いてありませんが、皇室典範では男性が受けつぐと定めています。

任命

［にんめい］

役目につくよう命じること

職や仕事をわり当てること

●書いてみましょう

任命

●読みがなを書きましょう

お父さんが会社で係長に**任命**（　　　）されました。

皇室

［こうしつ］

天皇とその一族

天皇家

●書いてみましょう

皇室

●読みがなを書きましょう

皇居や御用邸《ごようてい》は**皇室**（　　　）関連の施設です。

## 1 あてはまる言葉を下から選んで書きましょう

①総理大臣を選ぶのは（　　）です。

②総理大臣の仕事に任命するのは（　　）です。

③最高裁判所の長官を選ぶのは（　　）です。

| | | |
|---|---|---|
| 天皇 | 皇室 | 内閣 |
| 国民 | 国会 | 裁判官 |

## 2 天皇の国事行為にあたるものに○をしましょう

①（　）勲章《くんしょう》などを与える。

②（　）被災地へお見舞いに行く。

③（　）新しくできた法律を国民に知らせる。

④（　）国会議員を集めて、国会を開く。

⑤（　）外国から来た大使などに会う。

⑥（　）美術展やコンサートを鑑賞《かんしょう》する。

## 3 正しい方に○をしましょう

天皇は財産を勝手にゆずることが

（　）できます。

（　）できません。

天皇は国事行為のほかに、国会開会式で「おことば」を述べたり、被災地への訪問などの公的行為を行います。

# 戦争

［せんそう］
武力を使った国家の間の争い
はげしい競争

●書いてみましょう

戦争

●読みがなを書きましょう

たくさんの人々が**戦争**（　　）で命を落としました。

# 平和

［へいわ］
戦争などなくおだやかなこと
心配やもめごとがないこと

●書いてみましょう

平和

●読みがなを書きましょう

世界中が**平和**（　　）になるように祈ります。

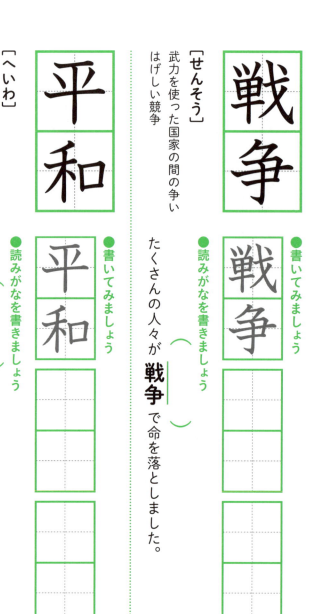

## 1 あてはまる漢字を書きましょう

わたしたちは世界の□□を願い求め、
永久に□□を放棄《ほうき》しました。

日本は、戦争をしないために
陸軍や海軍や空軍などの□□は持ちません。

## 2 正しい方に◯をしましょう

日本は、ほかの国ともめ事がおこったときにどうしますか？

① ほかの国を武器の力で
（　）おどします。
（　）おどしません。

② ほかの国と戦争を
（　）します。
（　）しません。

自衛隊は、戦車などの軍事力を備えているので「戦力」という説もあります。政府は、自衛のために必要な「最小限度の実力」としています。

権利

［けんり］
ある行為ができる資格
実行が保証される行為

●書いてみましょう

権利

●読みがなを書きましょう

わたしにも選ぶ**権利**（　　）があります。

義務

［ぎむ］
しなくてはならない行為
すべきこと

●書いてみましょう

義務

●読みがなを書きましょう

車に乗るときはシートベルト着用の**義務**（　　）があります。

## 1 対義語を下の文字から選んで完成させましょう

① 権利⇔
② 当選⇔
③ 差別⇔
④ 平和⇔

| | |
|---|---|
| 務 | 落 |
| 争 | 等 |
| 義 | 戦 |
| 平 | 選 |

## 2 問題に答えましょう

人間らしく生きるために、誰もが生まれたときから持っている権利のことを何と言いますか？

## 3 正しい方に○をしましょう

①（　）自由や権利があるから、他人の権利をおびやかしてよい。
②（　）自由や権利があっても、他人の権利をおびやかしてはいけない。

基本的人権は、権利の性質から日本国民のみを対象としている権利（選挙権など）を除いて、外国人にも同じように保障されています。

# 平等

［びょうどう］
みな等しいこと
同一の在り方をしていること

●書いてみましょう
平等

●読みがなを書きましょう
人は生まれながらにして平等（　　）です。

# 差別

［さべつ］
差をつけて扱うこと
不平等に扱うこと

●書いてみましょう
差別

●読みがなを書きましょう
あらゆる差別（　　）をゆるしません。

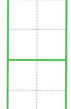

## 1 もっともあてはまる答えを◯で囲みましょう

国が政治を行うときは、｛①社会の役に立っている人を　②国会議員など一部の人を　③一人ひとりを個人として｝もっとも大切にします。

## 2 何の差別にあたるか左から選んで書きましょう

①（　　）差別：同じ仕事内容なのに男性と女性で給料に差がある。

②（　　）差別：その人や親、祖先などが外国から来た人の悪口を言う。

③（　　）差別：車いすの利用を理由に入店をことわる。

人種　宗教　職業　部落　障がい者　性

## 3 あてはまる漢字を書きましょう

わたしたち国民はどんな差別を受けることもなく、みんな［　　］です。

第13条によって、プライバシーの権利、環境権など、「新しい人権」とよばれる権利も保障されています。

保障

［ほしょう］

障害がないように守ること

ささえ防ぐこと

●書いてみましょう

保障

●読みがなを書きましょう

この保険には入院**保障**（　　）がついています。

賠償

［ばいしょう］

他への損害をつぐなうこと

損害のうめ合わせをすること

●書いてみましょう

賠償

●読みがなを書きましょう

窓ガラスを割られたので**賠償**（　　）を求めました。

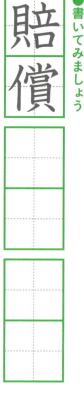

## 1

**公務員の働き方で正しい答えに○をしましょう**

①（　）自分の家族や友人をえこひいきをする。

②（　）特定の議員が有利になるように忖度《そんたく》する。

③（　）国民みんなのために仕事をする。

## 2

**選挙で選ばれる公務員と試験を受けてなれる公務員を下から選びましょう**

選挙：（　）（　）（　）

試験：（　）（　）（　）

① 学校の先生　② 国会議員
③ 市議会議員　④ 警察官
⑤ 市役所の職員　⑥ 知事

## 3

**あてはまる数字を書きましょう**

選挙に投票できる投票権は、満□才以上の人が持っています。

「公務員」というと役所の人を思い浮かべるかもしれません。議員も消防士も裁判官も国や地方自治体の仕事をする人はみな公務員です。

## 思想

［しそう］

心に思い浮かべること

まとまった考えや意見

●書いてみましょう

思想

●読みがなを書きましょう

人によって違う**思想**（　　）を持っています。

## 宗教

［しゅうきょう］

神などを信じる心のはたらき

神や仏の教え

●書いてみましょう

宗教

●読みがなを書きましょう

わたしには信仰している**宗教**（　　）があります。

## 1 あてはまる漢字を書きましょう

犯罪を犯したとき以外に［　　］をうばわれることはありません。

## 2 それぞれの宗教の「象徴的な建物」と「行事」を線で結びましょう

キリスト教・　・Ⓐ神社・　・㋐お盆
仏教・　・Ⓑモスク・　・㋑クリスマス
イスラム教・　・Ⓒお寺・　・㋒七五三
神道・　・Ⓓ教会・　・㋓ラマダン

## 3 憲法で保障されていることに◯をしましょう

①（　）国が神社やお寺を造る。
②（　）神社へのお参りを強要する。
③（　）初詣《はつもうで》、節分《せつぶん》、クリスマスなど行事を楽しむ。

戦前は神道が国の宗教のような地位にあり、ほかの宗教は押さえつけられました。それを反省して憲法で国の宗教的活動を禁止しています。

# 表現

［ひょうげん］

感情を形などで表すこと
外にあらわれること

●書いてみましょう

表現

●読みがなを書きましょう

犬はうれしいときにシッポを振って**表現**（　　）します。

# 自由

［じゆう］

自分の意のままにできること
ほかから支配を受けないこと

●書いてみましょう

自由

●読みがなを書きましょう

わたしは**自由**（　　）に生きられて幸せです。

## 1　憲法で認められていることに◯をしましょう

①（　）「消費税を下げてほしい」とSNSに書く。

②（　）「消費税を下げてほしい」とデモで訴《うった》える。

③（　）「消費税を下げてほしい」と新聞に投稿する。

④（　）「消費税を下げてほしい」と署名《しょめい》集めをする。

## 2　あてはまる漢字を書きましょう

思っていることを集まって話し合ったり、文章にして出版したりできる自由のこと。

［　　］の自由

## 3　正しい方に◯をしましょう

① とくに理由がなくても、仕事を辞めたくなったら辞める自由が
（　）あります。
（　）ありません。

② 日本の国籍を辞めて、海外の国籍を持つことが
（　）できます。
（　）できません。

「表現の自由」には、多くの人が賛成していることに対して反対する自由も含みます。色々な意見があってこそ民主主義が生かされます。

## 学問

［がくもん］
勉強をすること
知識と研究方法のこと

●書いてみましょう

学問

●読みがなを書きましょう

大学や大学院は**学問**（　　）を学ぶ場です。

## 婚姻

［こんいん］
結婚すること
夫婦になること

●書いてみましょう

婚姻

●読みがなを書きましょう

結婚するときは、役所に**婚姻**（　　）届を提出します。

## 1

あてはまる漢字を書きましょう

何を学ぶことも、研究することも自由なこと。

□□の自由

## 2

あてはまる言葉を下から選んで書きましょう

結婚は（　　　　）の意志だけで決めることができます。

親　神　結婚する二人
仲人《なこうど》　男性　女性

## 3

家庭生活で男女平等に○、不平等に×をしましょう

①（　　）妻だけが家事をする。
②（　　）妻と夫で子育てをする。
③（　　）妻の財産を夫が管理する。
④（　　）妻はかならず夫の苗字《みょうじ》になる。
⑤（　　）妻はかならず夫に従《したが》う。

同性カップルを結婚に相当する関係と認め、お互いをパートナーとする「同性パートナーシップ条例」を定めているまちもあります。

健康

［けんこう］

心身に悪いところのないこと

体の状態

●書いてみましょう

健康

●読みがなを書きましょう

社員の**健康**（　　）を気づかう会社は、優良企業です。

教育

［きょういく］

教え育てること

訓練をうけた経験のこと

●書いてみましょう

教育

●読みがなを書きましょう

わたしの親は**教育**（　　）熱心です。

## 1 「健康で文化的な最低限度の生活」をおくる権利を守るための仕組み（社会保障）の説明を線で結びましょう

健康保険・　　・Ⓐさまざまな事情で生活が困難な人に支給される。

国民年金・　　・Ⓑ病気などで病院にかかるお金が補助される。

障害年金・　　・Ⓒ障がいのため今まで通り働けないときにもらえる。

生活保護・　　・Ⓓ20才〜60才未満が納め、原則65才以上が受け取る。

## 2 あてはまる言葉を書きましょう

わたしたちは、自分の能力にあった教育を［　　］権利があります。

親は子どもに教育を［　　］義務があります。

## 3 義務教育を（　）で囲みましょう

［　小学校　中学校　高校　大学　大学院　］

もし今、生活に困っていれば、あなたが暮らしている市区町村で生活保護を受ける権利があります。なぜ貧困になったかは問われません。

# 勤労

［きんろう］
仕事にはげむこと
賃金をもらい仕事につくこと

●書いてみましょう

勤労

●読みがなを書きましょう

今日は**勤労**（　　）感謝の日で国民の祝日です。

# 納税

［のうぜい］
税金を納めること
また、その税金

●書いてみましょう

納税

●読みがなを書きましょう

ふるさと**納税**（　　）のお礼品で名産の梨《なし》をもらいました。

## 1

**雇《やと》い主の働かせ方として、正しい方に○をしましょう**

①（　　）労働者が納得すれば、どんな条件で働かせてもよい。

②（　　）労働者が納得しても、法律に違反する条件で働かせてはいけない。

## 2

**あてはまる言葉を下から三つ選んで書きましょう**

（　　　）（　　　）（　　　）など、働くことに関するルールは法律で決めます。

| | |
|---|---|
| 賃金 | 飲み会 |
| 休み | 労働時間 |
| 終業後の過ごし方 | |

## 3

**労働者の生活を守るために保障されている権利に○をしましょう**

①（　　）労働者が団結して労働組合を作る。

②（　　）労働者の要求をつらぬくためストライキをする。

③（　　）労働条件の改善を求めて雇い主に暴力をふるう。

④（　　）仕事について会社と話し合い改善を求める。

ストライキとは、労働者が経営者（会社）に対して、労働条件の改善などの要求を通すために、団結して仕事をしないことを言います。

# 刑罰

［けいばつ］

制裁《せいさい》を加えること

犯罪者に対する罰

●書いてみましょう

刑罰

●読みがなを書きましょう

この犯罪に対する（　　　）**刑罰**は、5年以下の懲役《ちょうえき》です。

# 逮捕

［たいほ］

容疑者を捕まえること

身体の自由をうばうこと

●書いてみましょう

逮捕

●読みがなを書きましょう

彼女はお金をぬすんだ疑いで（　　　）**逮捕**されました。

## 1 あてはまる漢字を書きましょう

誰でも裁判所で公平に[　　]を受ける権利があります。

## 2 逮捕の説明を線で結びましょう

ふつうの逮捕・　　・Ⓐ目の前で事件↓逮捕

現行犯逮捕　・　　・Ⓑ事件↓裁判官が発行した逮捕状↓逮捕

## 3 逮捕されたときにどんな権利があるか、正しい方に○をつけましょう

① 逮捕された理由を教えてもらうことが

（　）できます。

（　）できません。

② 弁護士をたのむことが

（　）できます。

（　）できません。

逮捕は、罪を犯した疑いのある人の逃亡や、証拠隠しを防ぐために行います。逃げも隠れもしない人を逮捕することは許されていません。

裁判

［さいばん］
正・不正を判定すること
裁判所が行う判断

●書いてみましょう
裁判

●読みがなを書きましょう
誰でも**裁判**（　　）を傍聴《ぼうちょう》することができます。

自白

［じはく］
秘密などを白状すること
不利な事実を認めること

●書いてみましょう
自白

●読みがなを書きましょう
ついに犯人が**自白**（　　）して真実があきらかになった。

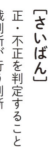

## 1　正しい方に○をしましょう

①暴力的な取り調べによる自白は、証拠に
（　）なります。
（　）なりません。

②本人の自白しか証拠がないときは、有罪に
（　）なります。
（　）なりません。

③取り調べでは言いたくないことを
（　）言わなくてもよい。
（　）無理にでも言う。

④その当時は、法律違反では
なかった行為を、あとから罰することが
（　）できます。
（　）できません。

⑤無罪となった行為を、あとから罪にすることは
（　）できます。
（　）できません。

⑥裁判にかけられたのに無罪だったときは、
国につぐないのお金を要求することが
（　）できます。
（　）できません。

強引な取り調べで「自白」を強制され、無実の罪におちいることを防ぐため、言いたくないことは言わなくてよい権利が保障されています。

国会

［こっかい］

国の議会

法律を作れる唯一の機関

●書いてみましょう

国会

●読みがなを書きましょう

学校の社会科見学で**国会**（　　　）議事堂へ行きました。

立法

［りっぽう］

法律を定めること

ルールを作る行為

●書いてみましょう

立法

●読みがなを書きましょう

国会は**立法**（　　　）機関として法律を作る役割があります。

## 1 あてはまる言葉を下から選んで書きましょう

① 国会は（　　　）を代表する組織です。

② 国の政治の中心は（　　　）です。

③ 国会のみが（　　　）を作ることができます。

| | | |
|---|---|---|
| 政治 | 国民 | 内閣 |
| 国会 | 天皇 | 法律 |

## 2 あてはまる漢字を書きましょう

国会は□□□と□□□で成り立っています。

## 3 正しい答えを○で囲みましょう

国会議員は ｛親から引きついだ／選挙で選ばれた／抽選で選ばれた｝ 国民の代表がなります。

法律は国会でしか作れません。なぜなら内閣や裁判所と違い国会は、国民が選んだ議員が集まり、国民の意見が反映される場だからです。

議員

［ぎいん］

議会で議決の権利をもつ人

国会などの議会のメンバー

●書いてみましょう

議員

●読みがなを書きましょう

同級生が市議会**議員**（　　）になりました。

選挙

［せんきょ］

議員などを投票で選ぶこと

集団の代表者などを選ぶこと

●書いてみましょう

選挙

●読みがなを書きましょう

生徒会長を**選挙**（　　）で選びました。

## 1 あてはまる数字を書きましょう

| 衆議院 | | 参議院 |
|---|---|---|
| ①□年<br>解散があれば途中で終わり | 働く期間 | ②□年<br>3年ごとに選挙半分入れかわる |
| ③□才以上 | 投票できる人 | ④□才以上 |
| 25才以上 | 立候補できる人 | 30才以上 |

## 2 それぞれ投票、衆議院選挙に立候補、参議院選挙に立候補できる人は○、できない人は×をしましょう

| | 投票 | 衆院 | 参院 | |
|---|---|---|---|---|
| ① | （　） | （　） | （　） | 18才の高校3年生 |
| ② | （　） | （　） | （　） | 67才の自営業者 |
| ③ | （　） | （　） | （　） | 29才の学校の先生 |
| ④ | （　） | （　） | （　） | 30才の専業主婦 |
| ⑤ | （　） | （　） | （　） | 26才のアルバイト |
| ⑥ | （　） | （　） | （　） | 42才の会社員 |

## 3 正しい答えを〇で囲みましょう

前回の参議院選挙は2016年でした。次の参議院選挙はいつですか？

［ 2019年　2020年　2022年 ］

戦前は、男性にしか衆議院議員の選挙権はなく、1925年より前は一定以上の納税額があることが条件でした。

会期

［かいき］
集会が行われる時期や期間
国会などが活動する期間

●書いてみましょう

会期

●読みがなを書きましょう

展覧会の会期（　　）は今月いっぱいです。

臨時

［りんじ］
時々の事情に応じて行うこと
その期間だけであること

●書いてみましょう

臨時

●読みがなを書きましょう

本日は臨時（　　）休業とさせていただきます。

## 1 あてはまる漢字を書きましょう

国会議員の給料は、国が集めた［　　］から支払われます。

## 2 それぞれの説明を線で結びましょう

通常国会・　　・Ⓐ衆議院が解散しているときに参議院で開く。

臨時国会・　　・Ⓑ毎年一回、議員を集めて開く。

緊急《きんきゅう》集会・　　・Ⓒ通常の国会を開いていないときに開く。

## 3 政党名を書きましょう

似た考えを持つ議員が集まった政治団体を政党と言います。知っている政党名を二つ書きましょう。

［　　］

［　　］

国会議員は国へ、県議会議員は県へ、市議会議員は市へ、人々の要望を議会で話し合い、実現させるために選挙で選ばれます。

議決

［ぎけつ］

相談して決定すること

相談して決定された事柄

●書いてみましょう

議決

●読みがなを書きましょう

国会の会期を延長することが**議決**（　　）されました。

法律

［ほうりつ］

社会での判断基準の一つ

国会で定められた法

●書いてみましょう

法律

●読みがなを書きましょう

困ったときは**法律**（　　）の専門家の弁護士に相談しましょう。

## 1 あてはまる数字を書きましょう

① 衆議院、参議院が何かを決めるときは、会議に□分の1以上の議員の出席が必要です。

② 会議で話し合っている内容は、出席した議員の□分の1より多くの賛成で決定します。

## 2 正しい答えを下から選んで書きましょう

衆議院も参議院もそれぞれの（　　　　）を選びます。

班長　議長
番長　組長

## 3 新しい法律を作れる場合に○、作れない場合に×をしましょう

①（　）衆議院と参議院のどちらも法案に賛成。

②（　）衆議院が法案に賛成。参議院が反対。

③（　）参議院が法案に賛成。衆議院が反対。

④（　）衆議院が法案に賛成。参議院が反対したがもう一度、衆議院で多数決をとり、出席した議員の3分の2以上が賛成。

原則として法律を作るときは、様々な見方を国政に反映させるため、衆議院と参議院の両方の賛成を得て慎重に決めます。

予算

［よさん］

必要な費用を見積もること

会計年度のお金の見積もり

●書いてみましょう

予算

●読みがなを書きましょう

毎月のおこずかいは**予算**（　　）を立てて使います。

条約

［じょうやく］

国と国との文書による約束

議定書・宣言・規約など

●書いてみましょう

条約

●読みがなを書きましょう

野生動植物を守るためにワシントン**条約**（　　）が結ばれた。

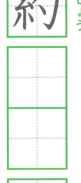

## 1 国会の仕事を下から選んで書きましょう

①国の（　　　　）をどう使うか決めます。

②外国と（　　　　）を結んでよいか決めます。

③国の政治がどう行われているか（　　　　）します。

④弾劾《だんがい》裁判所で辞めさせた方がよい裁判官を（　　　　）します。

| | | |
|---|---|---|
| 憲法 | 法律 | 条約 |
| 調査 | 予算 | 裁判 |

## 2 衆議院か参議院、どちらかの言葉を入れましょう

①国の予算案は、はじめに［　　　］で話し合われます。

②話し合いで両議院の意見が合わなければ［　　　］の意見が国会としての意見になります。

## 3 正しい方に○をしましょう

総理大臣や大臣は、いつでも議会に出席して発言が（　）できます。（　）できません。

衆議院は参議院より任期が短く解散もあります。短い分、国民の声を反映しやすいと考えられ、参議院より強い権限が認められています。

# 内閣

［ないかく］

総理大臣と大臣による組織

法に従い国を治める機関

●書いてみましょう

内閣

●読みがなを書きましょう

いまの 内閣（　　） の支持率が50％を下回った。

# 行政

［ぎょうせい］

法に従って国を治めること

国や地方自治体が行う政務

●書いてみましょう

行政

●読みがなを書きましょう

このまちは 行政（　　） サービスが行き届いて暮らしやすい。

## 1 内閣のメンバーの選び方を◯で囲みましょう

① 総理大臣は｛国会議員全体／衆議院議員／参議院議員｝から選びます。

② 大臣を誰にするか｛天皇／国民／総理大臣｝が決めます。

③ 現役の｛弁護士／自衛隊員／芸能人｝は大臣になれません。

## 2 あてはまる言葉を書きましょう

大臣は［　　　　］以外の人もなれます。

## 3 それぞれの説明を線で結びましょう

| | |
|---|---|
| 総理大臣・ | ・Ⓐ内閣を作っているメンバー。 |
| 大臣・ | ・Ⓑ内閣を代表する責任者。 |
| 国会議員・ | ・Ⓒ衆議院か参議院に所属し国会を構成する議員。 |

内閣には、国の予算に関わる財務省、外国と交渉する外務省などの役所（省）が置かれ、内閣のメンバーの大臣が各省の長となります。

解散

［かいさん］
人々が別れ散ること
議員全員を辞めさせること

●書いてみましょう

解散

●読みがなを書きましょう

ファンだったバンドが解散（　　）してしまった。

辞職

［じしょく］
務めている職を辞めること
引退すること

●書いてみましょう

辞職

●読みがなを書きましょう

病気を理由に会社を辞職（　　）しました。

**1 あてはまる方法二つに◯をしましょう**

衆議院に「この内閣には任せられない」と言われたとき、総理大臣はどうしますか？

①（　）総理大臣のみ辞めて、内閣はそのまま続ける。
②（　）衆議院を解散して、選挙で衆議院議員を選び直す。
③（　）衆議院も参議院も解散して、選挙で全員の議員を選び直す。
④（　）総理大臣も大臣も内閣のメンバー全員が総辞職《そうじしょく》をする。

**2 総理大臣になるまでの道のりを順に並べましょう**

Ⓐ天皇から任命される。
Ⓑ選挙に当選して国会議員になる。
Ⓒ国会で指名される。
Ⓓ国会議員選挙に立候補する。

（　）→（　）→（　）→（　）→総理大臣

**3 2000年以降の総理大臣の名前を二人書きましょう**

明治時代に内閣制度を作り、初代総理大臣になったのが旧千円札の顔の伊藤博文です。大日本帝国憲法の制定にも関わりました。

総理

［そうり］
全体を監督する人やこと
内閣総理大臣の略

●書いてみましょう
総理

●読みがなを書きましょう
子どものころの夢は**総理**（　　）大臣になることでした。

外交

［がいこう］
外国や外部との交渉や交際
勧誘や宣伝をすること

●書いてみましょう
外交

●読みがなを書きましょう
海外で活やくする**外交**（　　）官はあこがれの職業です。

## 1 正しい答えを○で囲みましょう

内閣の最高責任者は
{ 大統領 / 書記長 / 総理大臣 }
で、
{ 幹事長 / 首相 / 長官 }
とも言います。

## 2 内閣の仕事を下から選んで書きましょう

① 外国と（　　　　）を結びます。

② 国の（　　　　）を国会に提案します。

③ 憲法や法律を実行するために（　　　　）を作ります。

| | | |
|---|---|---|
| 憲法 | 政令 | 法律 |
| 予算 | 条約 | 裁判 |

## 3 あてはまる言葉を書きましょう

法律や政令が成立したら、
それを担当した［　　　　］と［　　　　］がサインをします。

国の政治に責任を持つのは「内閣」というチームです。総理大臣は内閣のまとめ役・顔として、内閣を代表する存在です。

# 司法

［しほう］
法により争いを解決すること
裁判所のこと

●書いてみましょう

司法

●読みがなを書きましょう

裁判官になるには **司法**（　　　）試験に合格することが必要です。

# 職権

［しょっけん］
職務上もっている権限
公務員などが命令できる範囲

●書いてみましょう

職権

●読みがなを書きましょう

上司が **職権**（　　　）乱用でクビになりました。

## 1 あてはまる言葉を左から選んで書きましょう

① 裁判官は（　　　　）と（　　　　）のみにもとづき、裁判を行います。

② 裁判官は（　　　　）に従って裁判をします。

| 自分の良心 | ワイロ | 圧力 | 憲法 | 総理大臣の意見 | 法律 | 神 |
|---|---|---|---|---|---|---|

## 2 それぞれの説明を線で結びましょう

国会・　　・Ⓐ国会で決められた法律や予算に従い政治を行う。
内閣・　　・Ⓑ国の政治の方針を決め、法律を作る。
裁判所・　　・Ⓒ憲法や法律にもとづき判断し、争いごとを解決する。

弁護士・　　・Ⓐ政府から独立した中立の立場で争いを裁き正義を守る。
検察官・　　・Ⓑ罪を犯した疑いのある人を裁判にかけて社会を守る。
裁判官・　　・Ⓒ裁判などで意見を述べて依頼者の自由と権利を守る。

最高裁判所の下に高等裁判所、その下に地方裁判所と家庭の争いなどを扱う家庭裁判所、少額の裁判や軽罪を扱う簡易裁判所があります。

判決

［はんけつ］
物事の良し悪しを決めること
裁判所がくだした判断

●書いてみましょう

判決

●読みがなを書きましょう

無罪**判決**（　　）によって無実の罪から救われました。

公開

［こうかい］
広く一般に開放すること
自由に見聞きできること

●書いてみましょう

公開

●読みがなを書きましょう

今週末から**公開**（　　）の新作映画が楽しみです。

## 1 あてはまる言葉を書きましょう

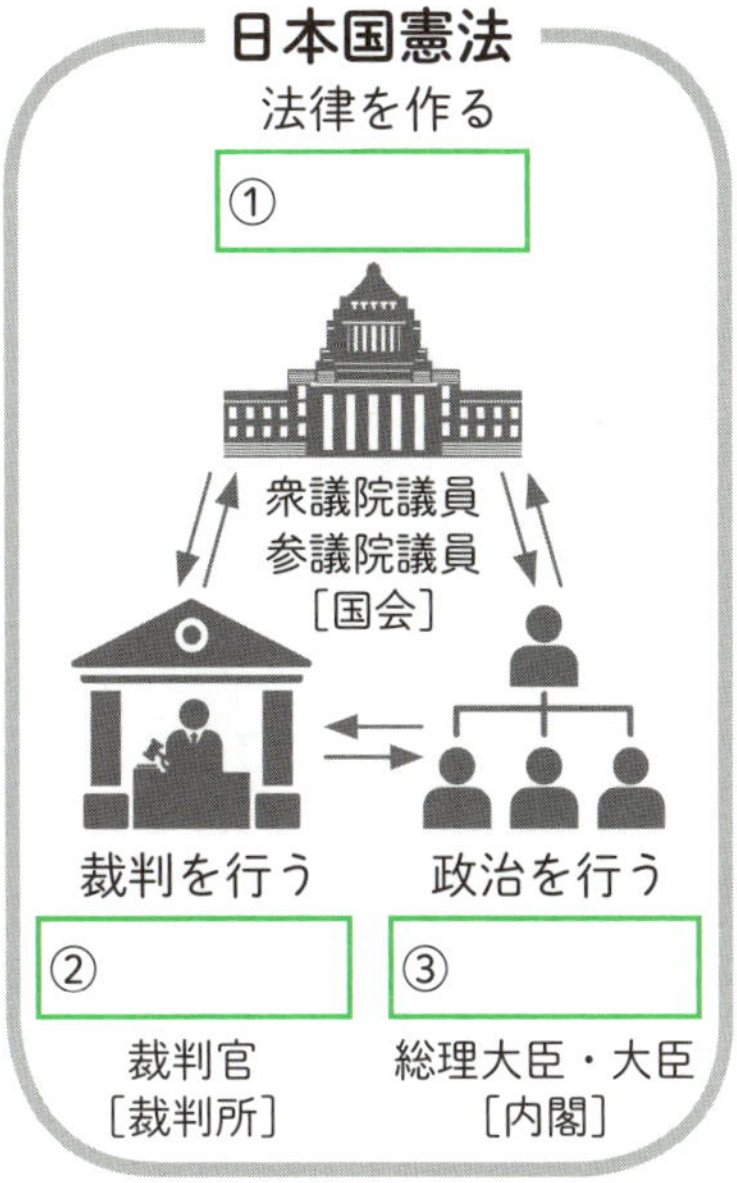


## 2 問題に答えましょう

いろいろな裁判所のなかでも、いちばん最終の判断をくだす裁判所のことを何と言いますか？

## 3 正しい方に○をしましょう

① 最高裁判所の裁判官の仕事ぶりは、国民に審査を

（　）受けます。
（　）受けません。

② 裁判や判決が言いわたされる様子は誰でも傍聴

（　）できます。
（　）できません。

裁判官には手厚い身分保障が与えられます。これは、裁判官が誰の意見や圧力にも左右されず裁判ができるよう守るためです。

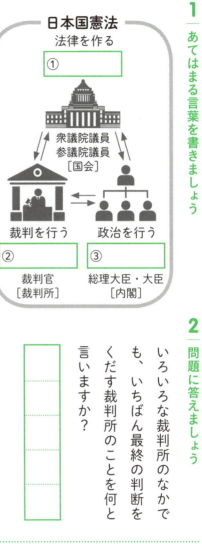

財政

［ざいせい］
国などの資金の調達や支出
企業や家庭のふところ具合

●書いてみましょう

財政

●読みがなを書きましょう

仕事を辞めたので財政（　　）困難におちいっている。

租税

［そぜい］
税金のこと
国などが住民から徴収する金

●書いてみましょう

租税

●読みがなを書きましょう

江戸時代の租税（　　）の年貢《ねんぐ》は重く、農民を苦しめました。

## 1 それぞれの説明を線で結びましょう

消費税・　　・Ⓐ住んでいる地方自治体に支払う税金。
住民税・　　・Ⓑ財産を引きついだときにかかる税金。
所得税・　　・Ⓒ商品やサービスを買ったときにかかる税金。
相続税・　　・Ⓓ収入や利益に対してかかる税金。

## 2 あてはまる数字を書きましょう

内閣は、国の予算をどう使うか□年ごとに計画します。

## 3 消費税がどのように移り変わってきたか、あてはまる数字を書きましょう

1989年（平成元年）①□％
→ 1997年（平成9年）②□％
→ 2014年（平成26年）8％
→ 2019年10月予定 ③□％

税金は、国に必要なお金を強制的に集めるものです。そのため税金の種類、税率、集め方など、すべて国会で話し合って法律として決めます。

# 決算

［けっさん］
財産状況を明らかにすること
総まとめ、しめくくり

●書いてみましょう
決算

●読みがなを書きましょう
会社の今年の**決算**（　　）は赤字になりそうです。

# 報告

［ほうこく］
告げ知らせること
調べた結果を述べること

●書いてみましょう
報告

●読みがなを書きましょう
今日はみなさんに重大な**報告**（　　）があります。

## 1 税金の使われ方として憲法が認めているものに○をしましょう

① （　　） 消防署や交番を作るために使う。
② （　　） 災害にあった地域の立て直しに使う。
③ （　　） 神社を作るために使う。
④ （　　） 天皇や皇族が生活をおくるために使う。
⑤ （　　） 議員に給料を支払うために使う。

## 2 あてはまる数字を書きましょう

内閣は年に□回は、国会と国民に国のお金をどう使ったか報告します。

## 3 あてはまる言葉を下から選んで書きましょう

国のお金がムダなく使われているか
（　　　　）という機関がチェックします。

| | |
|---|---|
| 財務省 | 会計検査院 |
| 会計事務所 | 税務署 |

国のお金の使い方は、内閣から制約を受けることがないよう、会計検査院という外部の機関がチェックします。

# 自治

［じち］
自主的に地域政治を行うこと
自分の責任で処理すること

●書いてみましょう
自治

●読みがなを書きましょう
住んでいる**自治**（　　）体はゴミ捨てのルールにきびしい。

# 条例

［じょうれい］
地方自治体で決めたルール
箇条書きの法令

●書いてみましょう
条例

●読みがなを書きましょう
東京都には飲食店を禁煙にする**条例**（　　）があります。

## 1 それぞれの説明を線で結びましょう

法律・　　・Ⓐ地方自治体が決めたその地域のルール。
政令・　　・Ⓑ国会で決めたルール。
条例・　　・Ⓒ日本と海外の国とで決めたルール。
条約・　　・Ⓓ内閣が法律を実行するために作る細かいルール。

## 2 正しい答えを◯で囲みましょう

地方自治体の運営は｛その地域ごとで／国会で／内閣で｝決めます。

## 3 あなたの住んでいる地方自治体と長の名前を書きましょう

［　　　］都道府県
［　　　］市区町村
［　　　］都道府県知事
［　　　］市区町村長

自分たちの暮らすまちや国に要望を実現してもらうためには、世論を高めることも大切です。署名活動や集会、SNS発信などの手段があります。

改正

［かいせい］

法律や制度などを改めること
不備な点を改めること

●書いてみましょう

改正

●読みがなを書きましょう

来月から電車の時刻表が**改正**（　　）されます。

承認

［しょうにん］

そのことが正当と認めること
地位を認めること

●書いてみましょう

承認

●読みがなを書きましょう

SNSで友達**承認**（　　）をしてもらいました。

## 1 あてはまる言葉を下から選んで書きましょう

憲法を書きかえるときは、

①（　　　　　）で3分の2以上の議員が賛成、

②（　　　　　）で3分の2以上の議員が賛成、

③（　　　　　）投票で半分より多くの賛成の承認を受けて改正されます。

| | | |
|---|---|---|
| 内閣 | 参議院 | 国民 |
| 国会 | 衆議院 | 裁判官 |

## 2 正しい方に○をしましょう

日本国憲法は、いままでに改正されたことが

（　）あります。

（　）ありません。

## 3 それぞれの説明を線で結びましょう

国民主権 ・　　・Ⓐ国と国の争いは話し合いで解決し、戦争しないこと。

基本的人権・　　・Ⓑ人間らしく生きるために生まれたときからもつ権利。

平和主義 ・　　・Ⓒ権力を持つ人を憲法でしばり、政治を行うこと。

立憲主義 ・　　・Ⓓ国民が政治のあり方を最終的に決める力を持つこと。

憲法を改正しようとする動きがある一方、第9条をノーベル賞に推せんするなど憲法を守る動きもあります。

法規

［ほうき］
法律と規則
権利と義務に関する定め

●書いてみましょう
法規

●読みがなを書きましょう
交通ルールのことを交通**法規**（　　）とも言います。

憲法

［けんぽう］
国を治める最高の決まり
基本となるルール

●書いてみましょう
憲法

●読みがなを書きましょう
いま、**憲法**（　　）の改正が必要かどうか議論されています。

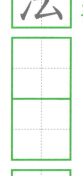

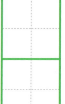

**1** **憲法を守る義務のある人を◯で囲みましょう**

［ 総理大臣　国会議員　公務員　裁判官　天皇　国民 ］

**2** **効力が強い順（上に行くほど強い）に並んだものに◯をしましょう**

①
条約
憲法
法律
条例

②
憲法
条約
法律
条例

③
憲法
法律
条例
条約

**3** **正しい説明を◯で囲みましょう**

日本国憲法は1947年｛5月3日　8月15日　11月3日｝に施行され、この日は｛終戦記念日　憲法記念日　文化の日｝で国民の祝日となっています。

憲法は、国民の自由や権利を保障するために国で権力を持つ人が守るべきルールです。法律は、みんなが守ることが決められたルールです。

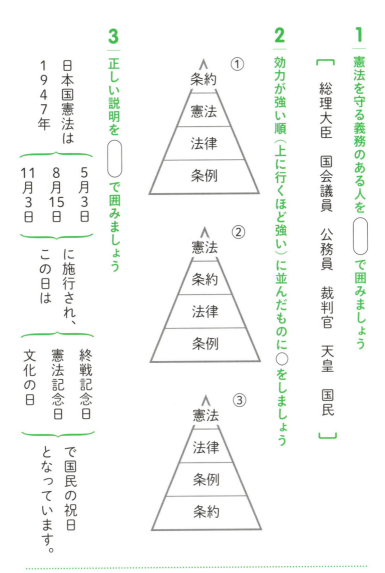

# 憲法ワードパズル

マスのなかに隠された憲法ワードを見つけて問題に答えましょう

**タテのカギ**

基本的○○
親が子どもに受けさせる義務
何を学ぶことも自由なこと
内閣を代表する責任者
法にもとづき争いを解決する場
衆議院と○○○
税金のこと

**ヨコのカギ**

日本の最高法規
義務の対義語
内閣の全員が辞めること
総理大臣と大臣たちで構成

**ナナメのカギ**

天皇が国のためにする国事○○
容疑者を捕まえること
日本がしないと放棄したもの
議員をこれで選びます
日本の象徴

| | | | | | | | | |
|---|---|---|---|---|---|---|---|---|
| な | い | か | く | が | わ | さ | め | そ |
| に | ほ | ん | こ | く | け | ん | ぽ | う |
| さ | ど | う | せ | も | ら | ぎ | ぎ | り |
| い | い | け | み | ん | て | い | む | だ |
| ば | て | じ | せ | の | そ | ん | き | い |
| ん | け | ん | り | じ | ぜ | う | よ | じ |
| し | き | け | の | ゆ | い | た | う | ん |
| よ | り | ん | ば | う | ち | ひ | い | ふ |
| ね | ず | そ | う | じ | し | よ | く | ほ |

**Q**

タテ・ヨコ・ナナメにワードが交わる文字は何ですか？

□

答えは190ページ

# 憲法コラム

憲法への理解をさらに深めるためのコラムです。憲法ができた歴史や、どういった場面で憲法の精神が生きてくるのかなど、具体的に解説します。

文＝伊藤朝日太郎

## 憲法のはじまり

世界の歴史をたどってみると、どの国のどの時代も、部族や皇帝、国王などの政治的な権力と、国を治めるための仕組み（憲法）がありました。

たとえば、中国の唐《とう》の時代の律令《りつりょう》や、これを真似た日本の奈良時代の律令も一種の憲法といえるでしょう。でも本当に「憲法」の名に値《あたい》するのは、権力を持つ人を憲法でしばり、国民の権利を守ることを目的とした「立憲主義」にもとづく憲法だというのが、現代の先進国での共通の理解となっています。

この立憲主義という考え方はとても大切です。立憲主義は中世のヨーロッパで生まれ、１６００〜１７００年代に「近代立憲主義」として発展しました。この時代には、国王が独裁的に権力をふるって税金を取り立てたり、自分に反対する人を逮捕したりし、貴族や民衆が苦しめられていました。そのため、不満を持つ人々が抵抗して各国で次々に革命がおこりました。

革命の結果として作られたのが、国の権力が暴走することを防ぎ、国民の権利と自由を保障することを目的とした立憲主義にもとづく憲法です。

立憲主義は、ヨーロッパから世界中に広がり、明治時代の日本も立憲主義の考え方を受け入れました。日本国憲法も当然、立憲主義の考え方にもとづいて作られています。

# 大日本帝国憲法

徳川幕府が日本を治めていた江戸時代には、人々の権利を守るための憲法はありませんでした。

幕府が倒れて明治になると、明治政府はヨーロッパやアメリカに追いつくために近代化を目指しました。そこでヨーロッパの憲法の考え方が紹介され、日本でも憲法を作り議会を開くことになったのです。当時の日本では自由民権運動が広がり、国民の間でもどういう憲法を作ったらよいか話し合われていました。なかには、人民主権・死刑の廃止・革命権などをうたった憲法の案も出てきました。

けれど政府の作った「大日本帝国憲法」は、天皇が中心の国づくりをする内容で、国民の権利の保障はかなり不十分でした。この憲法のもとで、集会の監視《かんし》や解散が行われたり、新聞や雑誌に反政府的な内容はないかチェックされました。またこの憲法では天皇が軍隊を指揮することになっていて、総理大臣でさえ軍隊を指揮できなかったことから、のちの軍の暴走をまねきました。

大日本帝国憲法には国家権力を制限して人権を守るには足りないところも大いにありましたが、それでも立憲主義にもとづく憲法として「大正デモクラシー」と呼ばれる政党政治をもたらすなど、日本の政治の近代化に大きな役割を果たしました。

# 平和主義

かつて日本は近隣諸国《きんりんしょこく》を植民地として支配し、中国侵略《しんりゃく》に始まるアジア太平洋戦争（第二次世界大戦）によって国内外に約二千万人もの犠牲者を出しました。戦後の焼け野原のなか、当時の日本人は新しい憲法の前文で「政府の行為によって再び戦争の惨禍《さんか》が起ることのないようにすることを決意し」たと宣言し、第9条で永久に戦争はしないと誓《ちか》いました。それだけでなく、いっさいの「戦力」を持たないことにしたのです。これが憲法にうたわれた「平和主義」です。

その後、政府は自衛隊を作りました。政府の考えでは、外国からの軍事攻撃《こうげき》によって、国民の生命・自由・幸福追求の権利が根本からひっくり返されてしまうような場合には、第9条のもとでも、自衛のための必要最小限度の反撃《はんげき》ができるとしています。そして自衛隊は、反撃のための「最小限度の実力」であって「戦力」とは言えない、としてきました。

このような説明のもと、日本は自衛隊を持ちつつも戦争をすることはなく、70年以上の間、一人の戦死者も出さず一人の「敵」も殺さないできました。

憲法と自衛隊の関係をめぐっては様々な意見がありますが、戦後70年間にわたり、ほかの国に攻撃をしかけることはなく、誰一人として戦死させなかったことを、わたしたちは誇《ほこ》ってよいと思います。

## 「国民」って誰のこと？

第10条では、誰が国民かは法律で決めることになっています。そして、国籍法《こくせきほう》という法律では、親の国籍が日本なら子どもの国籍も日本になる「血統主義」という考え方をとっています（これに対してアメリカのように、国内で生まれた者が国民となる「出生地主義」という考え方の国籍法を持つ国もあります）。

でも日本国憲法のもとで、日本国籍をうばわれた人たちがいます。

戦前、大日本帝国の植民地の台湾・朝鮮出身者は大日本帝国の臣民《しんみん》（支配下にある日本国民のこと）とされ、２００万あまりの人が日本内地に移住しました。ところが戦後、日本国憲法が施行される前日の１９４７年5月2日に、天皇による勅令《ちょくれい》「外国人登録令」が出され、台湾・朝鮮出身者について「当分の間、外国人とみなす」とされます。その後１９５２年4月28日、日本とアメリカなどの間で結ばれたサンフランシスコ平和条約の効力が発生し、日本は台湾や朝鮮の支配を正式に失います。そのとき、戸籍を扱《あつか》う法務府民事局長《ほうむふみんじきょくちょう》による通達で「日本国籍を喪失《そうしつ》する」とされました。

法律でも政令でもない、単なる役所の考えを示した文書によって、数十万もの台湾・朝鮮出身者の日本国籍がうばわれてしまいました。いま在日朝鮮人と言われる人の多くが、このとき国籍をうばわれた人たちの子孫です。

# 権利と義務

「憲法には権利ばかりで義務があまり書かれていないからおかしい」という人もいます。でも憲法がもっとも大切にしているのは、人はみな一人ひとりがかけがえのない存在として大切にされるということ（個人の尊重）です。社会的地位があるとか、どれだけ役に立つ人なのかとは全く関係なく、すべての人が尊《とうと》い存在なのです。基本的人権は、すべての人が生まれながらに持っているもので、何かの義務を果《は》たした見返り（対価）として与えられるものではありません。

仕事をする場合は、働く義務と給料をもらう権利とはセットになっています。何か物を買う場合も、お金を払う義務と物を受け取る権利とはセットになっています。でも国は会社やお店とは違います。何の見返りもなしに、すべての人の基本的人権を平等に守るために、国（政府）という仕組みが作られたと考えられます。そして憲法は、国や社会を動かしていくために国会で法律を作り、わたしたちに様々な義務を課《か》すことを認めています。たとえば、どんなことをしたら犯罪になり、どういう罰がくだされるのかなども法律で決めています。そのため、憲法に細かく義務を書き込む必要はないのです。

憲法は、法律によって国民に義務を課す権力を国会に与えるとともに、国会の持つ権力が国民をおびやかすことのないよう基本的人権を保障しているのです。

# 生存権と生活保護

どんな人も、誰かほかの人の世話を受けずに生きることはできません。誰もが赤ちゃんであり、幼児であり、子どもでした。また、多くの人は年を重ねて働けなくなっていきます。障がいをもって生きている人もいます。

世話をしてくれる人がいない場合や、必要なお金が足りない場合は、わたしたちは国に、生きていくための支援を求めることができます。

今の日本には、病院にかかる費用を補助する健康保険、仕事を失ったときに受けとれる雇用保険、高齢で働けなくなったときの生活を支える厚生年金や国民年金など、さまざまな仕組みがあります。

でも、これらの仕組みを使っても生きていくことが難《むずか》しい場合には、生活保護を受けることができます。生活保護は、貧困になった原因は関係なく平等に権利として受けとれます。病気などで働けない場合はもちろん、失業して生活に困っているときでも、生活保護を受けながら仕事探しを続けることができます。また給料や年金などの収入があっても、それが「健康で文化的な最低限度の生活」を送るために不足するのであれば、不足している部分に対して生活保護を受けることができます。なお、生活に余裕のある親や夫や妻や子、あるいは親戚《しんせき》がいる場合でも、援助《えんじょ》してもらえないときは、生活保護を受ける権利があります。

# 働くルール

第27条では、労働条件（働くルール）に関する基準は法律で決める、となっています。その理由は、労働者（働く人）と使用者（会社など）との間には大きな力の差があり、交渉《こうしょう》だけで働くルールを決めると、労働者に不利な条件が押しつけられることが多いからです。また会社では、上司の命令を受けて働くので上下関係ができやすく、労働条件を改善するために言わないといけないことも言えなくなりがちだからです。

そのため法律には、たとえば、①給料は月1回以上のペースで払わないといけないこと、②給料は全額を払わなければならず会社が勝手に仕事上のミスの「罰金」を差し引いてはいけないこと、③労働時間は1日8時間で、もし8時間をこえて働かせる場合には割増《わりまし》賃金を払わなくてはならないこと、④労働者には法律で決まった日数の有給《ゆうきゅう》休暇《きゅうか》を取らせなければならないこと、⑤最低賃金を下回る金額で働かせてはならないこと、など細かいルールが決められています。

景気が悪くなると、働くルールを無視する「ブラック企業」が増えてきます。わたしたちの家族やわたしたち自身が、働いているときに「おかしいな」と感じることがあったら、それは憲法や法律に違反しているかもしれません。労働組合や労働基準監督署、弁護士などに相談しましょう。

## なぜ逮捕されたら弁護士を呼ぶの？

第31条から40条を読むと、捕まって留置所などに入れられている人や、裁判を受けている人に保障されている権利の多さに驚《おどろ》くかもしれません。

その理由は、留置所などに入れられたり、裁判にかけられたりすることは、国の権力が人の自由をうばうことそのものだからです。

そもそも手錠《てじょう》をかけて連れていかれ、狭《せま》い部屋に何日も閉じ込められ、飲食や運動も自由にできないこと自体、とてつもない苦痛です。とくに戦前は、政府に危険な人物と思われただけで警察に連れていかれて拷問《ごうもん》され、殺された人もいました。現在の日本でも、刑務所などで暴行や侮辱《ぶじょく》を受ける、病気なのに病院に連れて行ってもらえないなどのひどい扱いを受けることがあるのです。

また裁判の結果、有罪になれば、刑務所に入れられたり、死刑の宣告を受けたりします。残念ながら、本当は犯人ではないのに有罪の判決を受け、無実の罪で刑務所に送られることが何度もおきています。取り調べを受け続けているだけで「こんなに苦しみが続くのなら、『わたしがやりました』とウソを言って楽になりたい」という心境になって、ウソの自白をする人もいます。

このようなことを防ぐために弁護士の援助を受け、逮捕の理由を説明させ、黙《もく》秘権《ひけん》や証人を呼び出す権利などを確保しておかなければならないのです。

## 「裁判を受ける権利」の大切さ

憲法では、さまざまな自由や権利が保障されています。それなのに人権をおかすような行為が許されてしまったら、憲法で保障されている「人権」は、絵に描いた餅《もち》になってしまいます。

たとえば、男性より女性の給料が低かったり、障がいを持った人がタクシーの乗車を拒否《きょひ》されたり、外見を理由に銭湯の入浴を拒否されたり、学校の先生が生徒をいじめたり、本当は受けられるはずの生活保護を拒否されたり、逮捕されたときに暴力的な取り調べを受けたり……。

そのため、わたしたちには誰でも公平に「裁判を受ける権利」が保障されています。人権や権利がおかされたときは、裁判によって助けを求めることができるのです。

そして裁判所は、憲法や法律に違反することが行われたら、個人や企業だけでなく、地方自治体や国に対しても改めるよう命じることができます。もし法律が憲法に違反していたら、法律の効力そのものを消してしまうこともできます。

このように裁判所は憲法を守り、私たちの自由や権利を守るという大切な仕事をしています。だからこそ裁判官は、政府から独立した中立の立場で、誰にも遠慮せず自らの良心に従って判断をする権限と重い責任を負っているのです。

## 憲法の改正

日本国憲法では、憲法が改正（書きかえ）できることと、改正する場合の条件について定めています。

憲法を改正するには、衆議院と参議院で三分の二以上の議員が賛成しなければいけませんし、国民投票も必要です。衆議院と参議院の会議に出席した議員の半分より多くの賛成で決まる法律の改正に比べ、ずいぶん厳しいです。

これは憲法が「法律によってもおかすことのできない基本的人権」を保障しているからです。もし、憲法改正が法律の改正と同じ手続で簡単にできてしまうなら、人権をおかす法律を作るときに、憲法も一緒に改正すればよいことになります。「基本的人権」を定めた憲法の条文を改正すれば、いくら人権侵害をしても憲法違反にはならなくなるからです。これでは、わざわざ憲法で「基本的人権」を保障した意味がなくなります。

そのため、自分の党から総理大臣など内閣のメンバーを出して政権を担《にな》っている政党（与党）だけでなく、政権を担っていない政党（野党）の賛成も得て、念入りに憲法改正の話し合いを進めるよう「三分の二以上の議員の賛成」という高いハードルが設けられました。そして最後は、政治の主人公である国民が直接、国民投票をすることによって結論を出す仕組みになっているのです。

## 「立憲主義」は憲法のどこに？

日本国憲法は立憲主義――憲法によって権力を制限し（しばり）、国民の権利と自由を保護するという考え方――にもとづいて作られた基本的なルールです。

それは、第10章「最高法規」の章を見ればわかります。

第97条には、人類が長い間、自由を求め努力してきたからこそ「基本的人権」が認められ、わたしたちはこれを受けつぐと語られています。これは憲法が「おかすことのできない永久の権利」（人権）を守るためにあることを意味しています。

だから憲法は、国会が作った法律よりも総理大臣の命令よりも上位の、最高のルールでなければならないのです。憲法に反する法律や命令などは、いっさいその効果が否定されます。それをはっきり書いたのが第98条です。

そして、国事行為を行う天皇・摂政、法律を作る国会議員、政治を行う総理大臣やその他の大臣たち、争いごとを裁く裁判官などは、その権力によって「基本的人権」をおびやかす可能性が高いことから、これらの人々は憲法にしばられ、この憲法を大事に守っていく義務を負わされています（第99条）。

このように、第10章のわずか三つの条文は、①憲法は私たちの自由と権利を守り、②だからこそ憲法は頂点に立つ最高のルールであり、③権力者は憲法に従う義務を負わされる、という立憲主義の考え方をはっきり示しています。

# ドリル解答

憲法ドリルと憲法ワードパズルの答え合わせをしてみましょう。

115ページ

1 国民

2 ①象徴
②天皇の子どもなどが

117ページ

1 内閣

2 ①○ ②× ③×

3 聖徳太子

119ページ

1 ①国会 ②天皇
③内閣

2 ①③④⑤

3 できません

121ページ

1 平和 戦争 戦力

2 ①おどしません。
②しません。

123ページ

1 ①義務 ②落選
③平等 ④戦争

2 基本的人権

3 ②

125ページ

1 ③

2 ①性
②人種
③障がい者

3 平等

127ページ

1 ③

2 選挙：②③⑥
試験：①④⑤

3 18

129ページ

1 自由

2 キリスト教Ⓓ㋑
仏教Ⓒ㋐
イスラム教Ⓑ㋓
神道Ⓐ㋒

3 ③

131ページ

1 ①○ ②○
③○ ④○

2 表現

3 ①あります。
②できます。

133ページ

1 学問

2 結婚する二人

3 ①×　②○　③×
④×　⑤×

135ページ

1 健康保険Ⓑ
国民年金Ⓓ
障害年金Ⓒ
生活保護Ⓐ

2 受ける　受けさせる

3 小学校　中学校

137ページ

1 ②

2 賃金　休み　労働時間

3 ①②④

139ページ

1 裁判

2 ふつうの逮捕Ⓑ
現行犯逮捕Ⓐ

3 ①できます。
②できます。

141ページ

1 ①なりません。
②なりません。
③言わなくてもよい。
④できません。
⑤できません。
⑥できます。

143ページ

1 ①国民
②国会
③法律

2 衆議院　参議院

3 選挙で選ばれた

145ページ

1 ①4　②6
③18　④18

2 ①○×× ②○○○
③○×× ④○○○
⑤○○× ⑥○○○

3 2019年

147ページ

1 税金

2 通常国会Ⓑ
臨時国会Ⓒ
緊急集会Ⓐ

3 自由民主党（自民党）

立憲民主党（立憲・立民）
国民民主党（国民党）
公明党
日本共産党（共産党）
日本維新の会（維新）
自由党
希望の党（希望）
社会民主党（社民党）

2018年9月現在。最新情報は国会図書館のホームページで確認できます。
http://warp.da.ndl.go.jp/collection/party/

149ページ

**1** ①3 ②2
**2** 議長
**3** ①○ ②× ③× ④○

151ページ

**1** ①予算 ②条約 ③調査 ④裁判
**2** ①衆議院 ②衆議院
**3** できます。

153ページ

**1** ①国会議員全体 ②総理大臣 ③自衛隊員
**2** 国会議員
**3** 総理大臣Ⓑ 大臣Ⓐ 国会議員Ⓒ

155ページ

**1** ②④
**2** ⒹⒷⒸⒶ
**3** 小渕恵三 森喜朗
小泉純一郎 安倍晋三
福田康夫 麻生太郎
鳩山由紀夫 菅直人
野田佳彦

157ページ

**1** 総理大臣 首相
**2** ①条約 ②予算 ③政令
**3** 大臣 総理大臣

159ページ

**1** ①憲法 法律 ②自分の良心
**2** 国会Ⓑ 内閣Ⓐ 裁判所Ⓒ

弁護士 Ⓒ
検察官 Ⓑ
裁判官 Ⓐ

**161ページ**

**1** ①立法 ②司法 ③行政

**2** 最高裁判所

**3** ①受けます。 ②できます。

**163ページ**

**1** 消費税 Ⓒ　住民税 Ⓐ
所得税 Ⓓ　相続税 Ⓑ

**2** 1

**3** ①3 ②5 ③10

**165ページ**

**1** ①②④⑤

**2** 1

**3** 会計検査院

**167ページ**

**1** 法律 Ⓑ　政令 Ⓓ
条例 Ⓐ　条約 Ⓒ

**2** その地域ごとで

**3** お住いの地方公共団体のホームページ、または知事は「全国知事会」、長は「全国市長会」のホームページで確認できます。

http://www.nga.gr.jp/app/chijifile/
http://www.mayors.or.jp/p_city/city_search_mayor/

全国知事会

全国市長会

**169ページ**

**1** ①衆議院 ②参議院 ③国民

**2** ありません。

**3** 国民主権 Ⓓ
基本的人権 Ⓑ
平和主義 Ⓐ
立憲主義 Ⓒ

**171ページ**

**1** 総理大臣
国会議員
公務員
裁判官
天皇

**2** ②

**3** 5月3日　憲法記念日

| | | | | | | | | |
|---|---|---|---|---|---|---|---|---|
| な | い | か | く | が | わ | さ | め | そ |
| に | ほ | ん | こ | く | け | ん | ぽ | う |
| さ | ど | う | せ | も | ら | ぎ | ぎ | り |
| い | い | け | み | ん | て | い | む | だ |
| ば | て | じ | せ | の | そ | ん | き | い |
| ん | け | ん | り | じ | ぜ | う | よ | じ |
| し | き | け | の | ゆ | い | た | う | ん |
| よ | り | ん | ば | う | ち | ひ | い | ふ |
| ね | ず | そ | う | じ | し | よ | く | ほ |

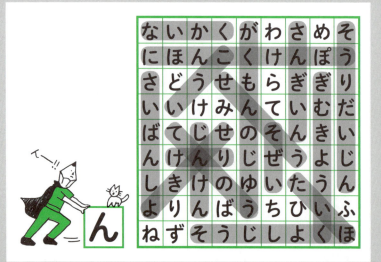

**監修者紹介**　伊藤朝日太郎（いとう・あさひたろう）
1979年滋賀県生まれ。同志社大学法学部、早稲田大学大学院法務研究科卒業後、2009年から弁護士。「明日の自由を守る若手弁護士の会」会員。全国難民弁護団連絡会議、自由人権協会などに所属。共著に『いまこそ知りたい！　みんなでまなぶ日本国憲法』ポプラ社。

［**参考文献**］
宮沢俊義　国分一太郎『子どもとおとなの　日本国憲法（復刻版）』武蔵野市
南野 森・監修『10歳から読める・わかる いちばんやさしい 日本国憲法』東京書店
元山 健・監修　文英堂編集部・編『読んでみよう！日本国憲法』文英堂
須田諭一『子どもと親で楽しむ 憲法ってなに？』メトロポリタンプレス
文部省『復刊 あたらしい憲法のはなし』童話屋
日本標準教育研究所・企画『社会科資料集6年』日本標準
芦部信喜（高橋和之・補訂）『憲法　第六版』岩波書店
芹沢斉　市川正人　阪口正二郎・編『新基本法コンメンタール　憲法』日本評論社
柏木ハルコ『健康で文化的な最低限度の生活』小学館

**憲法ドリル**
**現代語訳・日本国憲法**

2018年9月18日　初版第一刷発行

**編　著**　中村くみ子
**監　修**　伊藤朝日太郎

**発行所**　株式会社高文研
101-0064 東京都千代田区神田猿楽町2-1-8 三恵ビル
電話 03-3295-3415　http://www.koubunken.co.jp/

**デザイン**　0935Graphics
**編集協力**　市川はるみ
**協　力**　佐藤里歩　渡辺耕治
**印刷・製本**　三省堂印刷株式会社



ISBN 978-4-87498-658-5　C0031